KB264561

합격 학생부 HELPER

김기복

이학박사. 교육학 석사, 대학교수출신이며 "학교수업에서의 통계학"등 다수의 국내 국제학 회의 논문이 있음. 입시데이터 분석을 통하여 연간 500명 이상의 수시 정시 지원 컨설팅을 진행하고 있습니다. 네이버 지식인 엑스퍼트 진로진학컨설턴트, UWAY중앙교육 컨설턴트, 데오럭스교육그룹 교육위원, 지자체진로 진학 전문 상담위원, 고등학교 수시지원컨설팅, 교원연수교육, 학부모 아카데미, 수학클리닉 및 과제탐구전문강사로 활동중에 있으며, 지자체 진학 및 진로박람회의 상담컨설턴트로 활동하고 있습니다.

공동저서로 「학생부를 부탁해」, 「세특을 부탁해」, 「2024, 2025 대입수시정시 입시컨설팅의 모든 것」이 있습니다.

류승찬

저자는 에듀테크기업 (주)와투비에듀 대표이며, 중고등학생용 온라인 진로진단 서비스 PADI 개발, AI학생부가이드 Tool개발, 진로 진학 컨설팅 500회 이상, 진로진학 학교 강의 500회 이상, (주)와투비에듀 진로진학 40여종 책 기획을 진행하였습니다. 학생부 브랜딩 및 가이드, 과제탐구&심화과제탐구 보고서, 면접, 자소서, 계열&성향찾기, 2022개정교육과정 설명, 2022개정교육과정 교과선택 강사로 활동하고 있으며 지자체 입시설명회 및 박람회 를 개최하고 있습니다.

심규진

저자는 박사과정에서 교육공학, 문화기술경영학, 인공지능을 공부했으며 현재 한동대학교 교수로 재직 중입니다. 또한 에듀테크 서비스 기획자 및 청소년·청년진로 강연가로도 활동 중입니다. 저서로는 「창업은 일상이다」, 「상처 받고 싶지 않은 내일」, 「어른 동화」 등이 있으며 대표 논문은 「Studying the Traits of Contents Startups and Their Approaches to Raising Capital through In-depth Interviews」, 「인공지능 기반 진로 진학교육 프로그램 개발 및 적용」, 「콘텐츠 스타트업의사내 기업가정신이 창업성과에 미치는 영향」 등이 있습니다.

이정혜

저자는 학생들의 꿈이 구체적인 현실이 되도록 돕는 것을 소명으로 삼고 있습니다. 스스로 성장하는 기쁨을 바탕으로 다년간 학생들의 진로와 진학 여정을 함께하며 잠재력을 이끌어내는 데 주력해 왔습니다. 현재 수시이룸교육 대표 및 입시GO 대표강사, UWAY 글로컬 진로·상담 전문가, 데오럭스 교육그룹 전문위원으로 활동 중인 입시 전문가입니다. 실전 전략뿐만 아니라 본질적인 학습 역량 강화를 위해 교재 검토 및 AI 메타인지 학습 앱 개발 연구를 병행하고 있습니다. 또한, 공교육 현장에서 교육 격차 해소를 위해 힘쓰고 있으며, 주요 저서로는 《학생부 세특을 부탁해》,《입시컨설팅의 모든 것》 등이 있습니다.

머리말 1

김기복

입시는 언제나 한 사람의 인생에서 중요한 전환점이 됩니다. 특히 한국의 대학 입시는 오랜 시간 동안 한 줄의 성적, 한 번의 시험으로 모든 것이 결정되는 구조 속에서 운영되어 왔습니다. 그러나 이제 대학은 더 이상 숫자만으로 학생을 판단하지 않습니다. 학생이 어떤 배움의 과정을 거쳐 왔는지, 어떤 태도로 학교생활을 해왔는지, 그리고 어떤 방향으로 성장하고 있는지를 종합적으로 바라봅니다. 그 중심에 바로 '학생부 종합전형'이 있습니다.

하지만 학생부 종합전형은 여전히 많은 학생과 학부모님에게 막연한 두려움의 대상입니다.

"도대체 무엇을 준비해야 하는가?"
"비교과 활동을 많이 해야 하는가?"
"스펙이 없으면 불리한가?"
"기록은 누가, 어떻게, 어디까지 영향을 미치는가?"

이 질문들은 해마다 반복되며, 때로는 불필요한 불안과 과도한 경쟁을 만들어 내기도 합니다. 이 책은 이러한 혼란 속에서 학생부 종합전형을 단순한 '전략'이 아닌 '성장 기록의 구조'로 이해하실 수 있도록 돕기 위해 기획되었습니다. 단순히 합격 요령이나 대학별 정보만을 나열하는 안내서가 아니라, 한 학생이 학교라는 공간 안에서 어떻게 배우고, 탐색하고, 실패하며, 다시 성장하는지가 어떻게 하나의 '이야기'로 완성되는지를 체계적으로 설명하고자 했습니다.

학생부 종합전형은 '특별한 학생'을 위한 전형이 아닙니다. 학생부 종합전형은 종종 오해를 받곤 합니다. "대회 실적이 있어야 가능하다", "비교과 활동이 화려해야 유리하다", "부모의 정보력이 좌우한다"라고 말이죠.

그러나 실제 평가의 중심에는 언제나 수업, 태도, 탐구, 사고의 확장, 그리고 학생의 변화 과정이 놓여 있습니다. 즉, 학생부 종합전형은 특별한 환경에 있는 소수의 학생이 아니라, 평범한 학교 안에서 성실하게 성장하는 모든 학생을 위한 전형입니다.

이 책은 바로 그 점에 주목합니다. 학생부의 핵심은 '결과'가 아니라 '과정'이며, 그 과정은

교과 수업, 세특, 탐구 활동, 진로 활동, 독서, 동아리, 자율활동, 그리고 일상의 태도 속에 자
연스럽게 녹아듭니다. 이 책은 이 모든 요소가 어떻게 서로 연결되고, 어떻게 하나의 성장 스토리로 완
성되는지를 구체적인 구조로 풀어냅니다.

인문계열, 가장 미래적인 전공의 출발선에 서다.

인문계열은 오랫동안 "진로가 불분명하다", "취업이 어렵다", "실용성이 낮다"는 편견 속에 놓여 있었
습니다. 그러나 급변하는 시대 속에서 오히려 인문학적 소양은 과학기술 못지않은 중요한 경쟁력이
되고 있습니다. 비판적 사고력, 공감 능력, 문제 정의 능력, 사회 구조를 바라보는 통찰, 윤리적 판단
능력은 인공지능이 대신할 수 없는 영역이며, 이는 모두 인문학에서 길러지는 핵심 역량입니다.

이 책은 인문계열을 단지 "문과"라는 범주로 보지 않습니다. 문학, 역사, 철학, 사회, 심리, 언어, 문화,
국제 관계, 미디어, 콘텐츠, 법과 행정, 경영과 경제에 이르기까지 인문계열은 그 자체로 거대한 융합
학문이며, 미래 사회를 준비하는 가장 근본적인 출발선입니다.

따라서 본서는 인문계열 학생들이 학교 수업 속에서 어떤 질문을 던지고 어떤 방식으로 사고를 확장
하며, 그 과정이 학생부에 어떻게 기록되고 대학은 그 기록을 어떻게 해석하는지를 입학사정관의 실
제 평가 관점에 맞추어 체계적으로 정리했습니다.

이 책은 '기록의 기술'이 아니라 '성장의 설계도'입니다

이 책이 지향하는 바는 단순한 학생부 작성 요령서가 아닙니다. 이 책은 다음의 질문에 대한 답을 담고
있습니다.

학생은 무슨 생각으로 활동해야 하는가?
교과 수업 속 배움은 어떻게 진로와 연결되는가?
실패한 탐구도 어떻게 의미 있는 성장으로 해석되는가?
활동의 양보다 깊이가 중요한 이유는 무엇인가?

학생은 무슨 생각으로 활동해야 하는가?
교과 수업 속 배움은 어떻게 진로와 연결되는가?
실패한 탐구도 어떻게 의미 있는 성장으로 해석되는가?
활동의 양보다 깊이가 중요한 이유는 무엇인가?

이를 위해 이 책에서는 인문계열 학생에게 특히 중요한 핵심 역량 구조, "학년별 학생부 관리 전략", "세부능력특기사항의 해석 구조", "대학이 실제로 평가하는 관점", "합격과 불합격을 가르는 결정적 차이" 등을 사례 중심·구조 중심·현장 중심으로 정리했습니다.

이 책이 닿고자 하는 사람들

이 책은 다음의 독자분들을 위해 쓰였습니다.
진로 앞에서 막막한 중학생에게는 '지금부터 무엇을 준비해야 하는지'에 대한 방향을 제시하는 책이 되기를 바랍니다. 학교생활이 본격적으로 입시와 연결되는 고등학생에게는 '불안 속에서도 흔들리지 않을 기준점'이 되는 책이 되기를 바랍니다. 자녀의 진로와 입시 앞에서 답답함을 느끼는 학부모님에게는 '정보의 혼란을 구조로 정리해 주는 안내서'가 되기를 바랍니다. 그리고 현장에서 학생을 지도하는 선생님께는 '학생부를 성장의 언어로 기록하는 참고서'가 되기를 바랍니다.

입시는 결과가 아니라 '사람을 남기는 과정'입니다.

입시는 결국 대학에 가는 길이지만, 그 과정에서 남는 것은 합격 여부보다 훨씬 더 중요한 '한 사람의 성장'입니다. 어떤 고민을 했는지, 어디에서 흔들렸는지, 무엇을 선택했고, 무엇을 포기했는지, 그 모든 과정이 모여 한 사람의 서사가 됩니다. 학생부 종합전형은 바로 그 서사를 읽는 전형입니다. 이 책은 그 서사가 조작이 아닌 진짜 성장으로 완성되기를 바라는 마음에서 출발했습니다.

이 책이 누군가에게는 불안을 덜어 주는 기준이 되고, 누군가에게는 다시 한 번 스스로를 돌아보는 계기가 되며, 누군가에게는 자신의 가능성을 믿게 하는 작은 용기가 되기를 진심으로 바랍니다.

입시는 끝이 아닙니다.

입시는 '어떤 사람이 되어 가고 있는가'를 스스로에게 묻는 과정입니다.
이 책이 그 질문 앞에서 학생과 가정, 그리고 학교 모두에게 든든한 길잡이가 되기를 소망합니다.

류승찬

데이터 너머, 진짜 '나'를 찾는 여정의 시작

매일 수만 건의 입시 데이터를 마주합니다. 인공지능(AI)을 통해 학생들의 진로를 분석하고, 학교생활기록부의 패턴을 읽어내는 것이 저와 우리 회사, (주)와투비 에듀가 하는 일입니다. 4차 산업혁명의 한복판에서 에듀테크 기업을 이끌고 있지만, 아이러니하게도 제가 데이터를 들여다볼수록 확신하게 되는 사실은 하나입니다. "결국 입시의 본질은 숫자가 아니라 사람의 이야기(Narrative)에 있다"는 것입니다.

많은 학생과 학부모님께서 묻습니다.

"AI가 자소서를 대신 써줄 수 있나요?"
"합격하는 생기부 공식이 따로 있나요?"

기술은 학생이 걸어갈 길을 비춰주는 '내비게이션'이 될 수는 있지만, 그 길을 걷는 주체는 오롯이 학생 자신이어야 합니다. AI로 분석한 데이터는 우리에게 '어떤 스펙이 유행인가'를 말해주지 않습니다. 오히려 **'이 학생만이 가진 고유한 색깔이 무엇인가'**를 묻고 있습니다.

학생부 종합전형은 그 고유함을 발견하는 과정입니다. 하지만 현장의 많은 학생은 이 과정을 '자신을 포장하는 기술'을 배우는 시간으로 오해하곤 합니다. 불안하기 때문입니다. 정해진 답이 없다는 사실이 두렵기 때문입니다.

그래서 저는 이 책을 통해, 기술적인 요령이 아니라 '성장의 설계도'를 제안하고자 합니다.

저는 인문계열 학생들이야말로 다가올 AI 시대의 진정한 리더가 될 잠재력을 가졌다고 믿습니다. 기술이 고도화될수록 '왜?'라는 질문을 던질 수 있는 인문학적 소양, 사람의 마음을 읽는 공감 능력, 그리고 사회의 맥락을 읽어내는 통찰력은 그 무엇과도 바꿀 수 없는 강력한 무기가 되기 때문입니다.

이 책은 제가 에듀테크 현장에서 목격한 수많은 합격과 불합격의 데이터, 그리고 변화하는 2022 개정 교육과정의 흐름을 꿰뚫어 정리한 결과물입니다. 하지만 차가운 분석에 그치지 않았습니다.

학교라는 공간에서 치열하게 고민하고, 때로는 실패하며 성장해 나가는 학생들의 땀방울이 어떻게 '대학이 원하는 기록'으로 치환되는지, 그 구체적인 연결고리를 보여드리고자 했습니다.

이 책이 막막한 입시의 바다에서 표류하는 학생들에게는 명확한 나침반이,
아이의 미래를 고민하는 학부모님께는 든든한 등대가,
그리고 교육 현장에서 애쓰시는 선생님들께는 유용한 도구가 되기를 바랍니다.

입시는 결승점이 아니라, 더 넓은 세상으로 나아가기 위한 관문일 뿐입니다.
그 관문을 통과하는 과정에서 우리 아이들이 단순히 '대학생'이 되는 것을 넘어, '자기 삶의 주인'으로 성장하기를 (주)와투비 에듀의 모든 임직원과 함께 응원합니다.

결국 가장 훌륭한 전략은, 가장 '나다운' 모습으로 성장하는 것입니다.

심규진

"이 학생은 무엇이 궁금해서 이 길을 선택했을까?"

숫자로 환산된 성적표 너머에서, 저는 살아 숨 쉬는 질문을 찾고자 노력 합니다. 교과서를 암기한 학생이 아니라, 교과서에서 출발해 세상을 향해 질문을 던지는 학생을 만나고 싶었습니다. 학생부 종합전형은 그런 학생들을 발견하기 위한 과정이라고 생각합니다.

이 책을 집필하게 된 계기는 지극히 현실적이면서도 절박한 문제의식에서 출발했습니다. 매년 입시 현장에서 저는 안타까운 장면을 목격합니다. 뛰어난 잠재력을 가진 학생들이, 학생부를 어떻게 설계해야 하는지 몰라 자신의 진짜 모습을 제대로 보여주지 못하는 경우가 너무 많습니다. 인문계열을 지망하는 학생들은 특히 더 그렇습니다.

"인문학은 쓸모없다"는 편견 속에서, 정작 인문학이 무엇인지도 제대로 이해하지 못한 채 진로를 결정하는 학생들. 독서 목록과 활동 개수를 늘리는 것이 전부라고 생각하는 학생들. '전공 적합성'이라는 단어에 갇혀, 자신만의 질문과 사유를 펼치지 못하는 학생들. 이들에게 진정으로 필요한 것은 '합격 비법'이 아니라, '인문학적으로 사고하고 성장하는 법'입니다.

한동대학교에서 학생들을 가르치면서, 그리고 지난 시간 총 일곱 권의 책을 집필하면서 저는 확신하게 되었습니다. 입시는 결과가 아니라 과정이며, 학생부는 단순한 기록이 아니라 사유의 지도라는 것을 말입니다.

이 책은 여덟 번째 저서이자, 인문계열 학생들을 위한 가장 구체적이고 실질적인 가이드입니다. 경영·경제부터 교육, 법·행정, 언어문학, 인문과학에 이르기까지 인문계열 전 분야를 망라하며, 각 전공마다 입학사정관이 실제로 무엇을 보는지, 어떤 학생이 기억에 남는지, 합격과 불합격을 가르는 진짜 차이가 무엇인지를 담았습니다.
이 책은 세 부류의 독자를 위해 쓰였습니다.

첫째, 인문계열을 꿈꾸는 학생들에게

여러분은 이 책을 통해 '인문학적 사고'가 무엇인지, 그것을 어떻게 생활기록부에 반영할 수 있는지 배우게 될 것입니다. 중요한 것은 활동의 개수가 아니라 질문의 깊이입니다. 책을 많이 읽는 것이 아니라, 한 권을 읽고 무엇을 질문했는지가 중요합니다.

둘째, 자녀의 진로를 고민하는 학부모님들에게

인문계 진학이 불안하신가요? 이 책은 인문학이 단순히 '취업이 어려운 학문'이 아니라, 세상을 읽고 해석하며 새로운 가치를 창조하는 힘이라는 것을 보여드릴 것입니다. 그리고 그 힘을 가진 학생을 대학이 어떻게 평가하는지 명확히 알려드릴 것입니다.

셋째, 학생들을 지도하는 선생님들에게

이 책은 세특을 쓰는 공식이 아니라, 학생의 사유를 어떻게 기록으로 전환할 것인가에 대한 철학을 담고 있습니다. 입학사정관의 시선을 이해하고, 학생 한 명 한 명의 고유한 탐구 과정을 존중하며 기록하는 방법을 제시합니다.

이 책의 핵심 메시지는 단순합니다.

"사유하는 학생이 선택받는다."
입학사정관은 완벽한 학생을 찾지 않습니다. 우리는 질문을 던질 줄 아는 학생, 실패를 두려워하지 않고 탐구하는 학생, 텍스트와 세상을 연결하며 자기만의 언어로 사고하는 학생을 찾습니다. 그리고 그런 학생의 흔적은, 학생부 곳곳에 남아있습니다.

이 책을 통해 여러분이 발견하게 될 것은 합격의 공식이 아니라, 성장의 지도입니다. 1학년 때 던진 질문이 2학년 때 어떻게 확장되고, 3학년 때 어떻게 자신만의 답으로 수렴되는지. 국어 시간에 읽은 고전이 사회 시간의 현실 이슈와 어떻게 만나고, 수학의 논리가 윤리적 성찰과 어떻게 교차하는지. 이런 연결과 확장의 과정이야말로, 인문학의 본질이며 대학이 기대하는 인재상입니다.
이 책은 전공별로 구체적인 키워드, 추천 도서, 탐구 주제, 세특 작성 전략, 합격과 불합격 사례 비교를 상세히 담았습니다. 입시는 경쟁이지만, 성장은 경쟁이 아닙니다. 다른 학생보다 더 많이 하는 것이 중요한 것이 아니라, 자신에게 의미 있는 질문을 갖고 그것을 깊이 있게 탐구하는 것이 중요합니다.

이 책이 여러분의 고등학교 3년을, 단순히 대학에 가기 위한 시간이 아니라, 진짜 자기 자신을 발견하는 여정으로 만들어주기를 바랍니다. 그리고 그 여정의 끝에서 여러분이 대학과 만날 때, 서로가 "바로 이 학생이다", "바로 이 대학이다"라고 확신할 수 있기를 소망합니다.

여러분의 질문이 세상을 바꿉니다.

CONTENTS

들어가며

인문계열 학생을 위한 합격 학생부

들어가며

확 바뀐 생기부, 이것부터 알고 가자! (수상·자율·동아리)

여러분, 본격적인 이야기를 시작하기 전에 2022 개정 교육과정에 따라 생활기록부 기재 방식이 달라졌다는 사실, 알고 계시죠? 특히 '교내 수상 경력' 부분은 정말 중요해요.

✖ 수상 경력, 이제 대입에 반영 안 돼요!

학생부에는 '수상 경력' 항목이 여전히 존재하지만, 이 정보는 대학 입시 자료로 제공되지 않아요.

✖ 다른 곳에 적는 것도 절대 금지!

"그럼 세특이나 창체, 행특 같은 다른 칸에 은근슬쩍 적으면 안 되나요?"라고 묻는 친구들이 있는데, 절대 안 됩니다. 수상 사실뿐만 아니라, 시상 계획이 있는 대회에 참가했다는 사실조차 서술형 항목에 입력할 수 없어요.

왜 이렇게 바뀌었냐고요?
단순한 스펙 쌓기나 과도한 입시 경쟁보다는, 여러분이 학교 교육과정 안에서 어떻게 성장했는지 그 과정을 더 깊이 있게 보겠다는 뜻이에요.
그러니 이제 상장 개수에 집착하기보다 '나만의 학습 성장 스토리'를 만드는 데 집중해야겠죠?

입학사정관의 눈으로 본 '합격하는 인문 인재'란?

학생부 종합전형은 단순히 성적표를 줄 세우는 전형이 아니에요. 특히 인문계열이라고 해서 무조건 '글짓기 실력'만 보는 것도 아니랍니다. 입학사정관이 진짜 보고 싶은 건 바로 이겁니다.

"이 학생이 대학에 와서 인문학을 어떻게 확장해 나갈지 그림이 그려지는가?"
"단순한 활동 나열이 아니라, 3년 동안의 독서와 글쓰기에서 사고의 흐름이 보이는가?"

우리는 문제를 인식하고, 질문을 던지고, 텍스트와 사회를 연결해서 결국 '새로운 의미'를 만들어내는 학생을 찾고 있어요.

1. 학업역량 (문해력과 논리력)

단순히 국어·사회 점수가 몇 점인지보다, 텍스트를 읽고 이해하는 '문해력'과 생각을 논리적으로 펼치는 '전개력'을 봅니다. 다양한 시각을 받아들이고 내 언어로 재구성하는 힘이 중요해요.

2. 진로역량 (고민의 깊이)

"나는 왜 인문학을 공부하고 싶은가?"에 대한 답이 보여야 해요. 자율·진로 활동에서 읽고, 쓰고, 토론하고, 관찰한 흔적들이 쌓여서 누적된 고민의 깊이가 드러나는지 확인합니다.

3. 인성 / 공동체 역량 (타인에 대한 사유)

인문학은 결국 '타인에 대한 생각'이죠? 내가 리더가 되어 끌고 가는 것보다, 타인과의 관계 속에서 내 사고의 깊이가 얼마나 자라났는지를 더 중요하게 봅니다.

4. 자기주도성 / 탐구력 (스스로 던진 질문)

누가 시켜서 한 활동 말고요. "이 학생이 스스로 사유하고, 탐구하고, 쓰기 위해 얼마나 노력했는가?"를 봅니다. 여러분이 주도한 동아리 주제, 인터뷰, 프로젝트 설계가 그 증거가 됩니다.

합격을 부르는 '단 하나의 문장'

수천 개의 생기부를 보다 보면 대부분 잊히지만, 끝까지 기억에 남는 학생이 있어요.
이유는 딱 하나입니다. "이 학생은 자기 생각이 있구나."

예를 하나 들어볼게요.
 '민주주의란 무엇인가?'라는 질문 하나를 가지고...

> 1학년: 소설 『소년이 온다』를 읽으며 질문을 시작하고,
> 2학년: 촛불 집회 다큐멘터리를 보며 현실과 연결하고,
> 3학년: 헌법 판례를 분석하고 토론하며 '시민의 언어는 어떻게 구성되는가'라는 주제로 글을 완성한 학생

어때요? 이 학생이 대학에 와서도 텍스트를 분석하고 질문을 키워갈 인재라는 확신이 들지 않나요?
단편적인 활동(점)들이 이어져서 하나의 선(사고의 흐름)이 되어야 합니다. '책 한 권', '답사 한 번'이라도 그 뒤에 "그래서 나는 무엇을 생각하고 실천했는가?"가 반드시 녹아 있어야 해요.

1. 전공적합성? 암기가 아니라 '질문'과 '흐름'입니다.

"저 고고학과 가고 싶어요!"라고 외치는 것보다, "문화재는 과연 누구의 것인가?"라는 질문을 던지는 학생이 훨씬 매력적입니다. 토지 소유권 문제, 도굴 사건, 발굴 현장의 기술 등으로 지식과 탐구가 꼬리에 꼬리를 물고 연결되는 흐름, 우리는 여기에 끌립니다.

2. 생기부는 '탐색의 기록지'이자 '질문의 족보'입니다.

우리는 생기부에서 '정답'을 찾지 않아요. 여러분이 스스로 던진 질문을 봅니다.

국어: 「청구영언」 속 향가와 향찰을 해석하며 '언어의 기원'을 탐색하고,
지리: 옛 지도의 축적을 보며 유적 분포의 상관관계를 질문하고,
수학: 문화재 발굴 현장의 출토 확률을 계산해보는 식이죠.
이런 활동들이 모여 "아, 이 학생은 생각이 끊이지 않고 이어지는구나"라는 증거가 됩니다.

3. 인문계 학생에게 가장 중요한 건 '연결 능력'입니다.

단순히 여러 과목을 많이 배우는 게 아니라, 지식을 조립하고 재구성하는 능력이 인문학의 핵심입니다.

연결 영역	구체적 사례
국어 ↔ 역사	『삼국유사』 속 사건 구성 원리를 분석해 역사가의 서술 관점을 탐구
지리 ↔ 고고학	고지도의 축척 개념을 통해 고대 유물의 공간적 위치와 분포 원리 탐구
윤리 ↔ 문화재 소유권	문화재 반환 사례(예: 프랑스의 외규장각 도서) 분석, 문화재의 '주체'는 누구인가?라는 질문 형성
수학 ↔ 역사유적현장	이차곡선, 축의 이동을 활용하여 무령왕릉 천장구조의 안정성 분석
한문 ↔ 향가 해독	향찰 문헌 해석을 통해 고대어의 구조와 사상적 의미 탐구

4. 추천도서가 중요하다고요? 아닙니다. 읽고 '물어본' 책이 중요합니다.

『삼국유사』, 『역사란 무엇인가』, 『나의 문화유산답사기』『사기열전』, 『다산문선』, 『백범일지』이 책들 중 어느 것이 더 '좋은 책'이냐고 묻는 학생이 있습니다. 그러나 우리는 "이 책을 통해 무엇을 질문했느냐"를 봅니다. 책 내용을 단순히 요약한 학생보다, 책 속 일화를 바탕으로 "과거는 현재를 비추는 거울인가, 선택된 재현인가?"라고 질문하고, 문화재 해석의 다양성을 고민한 학생이 훨씬 돋보입니다.

5. "입결? 점수만으로는 절대 알 수 없습니다."

입시 결과표에는 2.1, 2.5, 2.8... 숫자가 나열되어 있지만, 우리는 숫자보다 더 중요한 것을 봅니다. 2.8등급이라도 발굴 현장을 직접 찾아가고 비판적 성찰을 한 학생이, 교과서 요약만 한 2.1등급보다 대학에서 더 크게 성장할 수 있다고 우리는 판단합니다. 학종은 순위 경쟁이 아니라 맥락 경쟁이니까요.

실전! 입학사정관을 사로잡는 세특 작성법

자, 그럼 구체적으로 어떻게 써야 할까요? 입학사정관이 선호하는 스타일로 바꿔봅시다.

항목	이렇게 쓰면 평범해요 (활동 나열)	이렇게 써야 합격해요 (사고의 흐름)
동기 서술	단순 활동 나열	"어떤 질문에서 시작되었는가"를 보여줄 것
교과개념 연계	교과서 내용을 조사하고 발표함	연계 : 교과 개념이 현실 이슈, 역사, 독서와 어떻게 연결됐는지 보여줄 것
탐구과정 서술	'~하였다'로 마무리	비교 → 반론 → 정리처럼 치열한 탐구 흐름을 서술할 것
결과보다 사고 흐름 강조	~을 알게 되어 뿌듯했음	완성 결과보다, 질문 → 해석 → 재구성 과정 중심
텍스트/현장 기반	책/자료/답사 등을 단순 언급	사고 확장의 계기로 활용한 문장 포함
전공 적합성 표현은 간접적	카드뉴스, 보고서, 창업 기획서, PPT 등 산출물 다양	탐구 결과 미제시, 경험 중심 서술

베스트 세특 문장 예시

 "역사적 유물의 도굴 문제를 조사함"

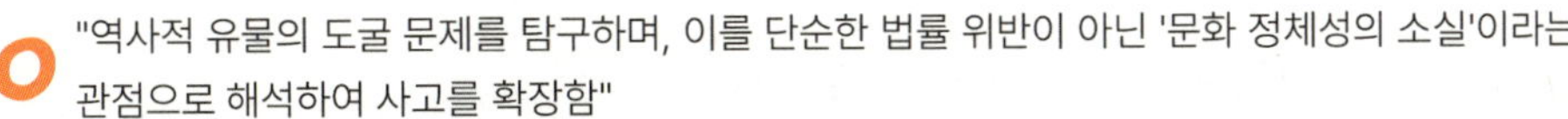 "역사적 유물의 도굴 문제를 탐구하며, 이를 단순한 법률 위반이 아닌 '문화 정체성의 소실'이라는 관점으로 해석하여 사고를 확장함"

인문계열 탐구는 이렇게 과목을 넘나들며 이어져야 합니다.

과목	핵심 키워드 흐름 예시	전공 연계 포인트
국어	향찰 → 청구영언 → 고전 번역 → 사료의 서술 구조	언어 해독, 문헌 해석
한문	한문 고문 분석 → 삼국사기/삼국유사 원문 탐구 → 역사 기록 비교	사서 분석 능력
사회(지리)	고지도 → 축적 → 유적 분포 → 역사적 공간 인식	고고학 현장 분석 기반
사회(윤리)	문화재 반환 → 문화재 소유권 → 도굴의 윤리성	문화재 철학적·법적 접근
수학	이차곡선 → 왕릉 천장 구조 → 수학적 도형 안정성 분석	유물 구조 해석, 통계적 예측
과학	동위원소 분석 → 미라 방사선 → 유물 연대 측정	자연과학 기반 발굴 해석
영어 / 제 2 외국어	번역사례 → 외국 박물관 해설문 분석 → 문화재 명칭 비교	국제 문화재 협약 해석력

이렇게 구성된 키워드 흐름을 세특, 자율활동, 독서활동에서 유기적으로 반복하면, 전공 적합성과 인문학적 사유력이 자연스럽게 드러납니다.

실제 사례 비교: 합격 vs 불합격 (입학사정관 실제 평가 기준 반영)

구분	합격 사례	불합격 사례
생활기록부 흐름	1~3학년 간 고고학 관련 키워드가 반복/심화됨 (문화재 → 유물 → 현장 조사 → 법적 해석)	3학년 때 처음 등장하거나, 활동은 있으나 교과와 연결 없음
세특 표현 방식	'문화재 발굴 현장에서의 토지 소유권 분쟁'을 다루며 사회·법·윤리 교차적 탐구	'답사를 다녀옴', '박물관을 방문함'으로 종료됨
교과 간 융합	수학에서 도형 구조와 왕릉 건축 해석을 연계, 윤리 시간에 '문화재 반환 논쟁'을 확장	각각의 교과에서 단절된 활동 기록만 존재
독서 활동	『역사란 무엇인가』, 『삼국유사』 등을 읽고, 탐구 주제에 사고 연결	단순 추천도서 나열, 감상 중심
탐구 방식	질문 → 관찰 → 문헌/현장자료 탐색 → 글쓰기 → 발표	활동에 대한 서술은 있으나, 질문 또는 사고의 흔적이 없음
표현 언어	'문화재의 물리적 존재를 넘어, 상징 자산으로서의 소유권 개념을 성찰함'	'문화재에 관심을 가지게 되었고 유익한 경험이었다'

핵심은 활동의 '개수'가 아니라, 사고의 '깊이'와 '연결의 넓이'입니다.

1. 스스로 질문할 줄 아는 학생으로 "왜?"에서 시작해, 탐구로 이어지는 사고 흐름이 있는 학생입니다.

2. 자기만의 문장을 가진 학생으로 독서, 토론, 글쓰기 활동 속에 자신의 시선과 관점이 담겨 있는 학생입니다.

3. 텍스트를 해석하고 사회와 연결하는 학생으로 단지 외운 것이 아닌, 배운 것을 현재와 연결해보려는 시도가 있는 학생입니다.

4. 실패도 과정으로 인정하는 학생으로 완성보다 과정이 진심인 학생, 질문의 흔적이 살아있는 학생입니다.

그래서 이 책은

단어를 바꾸는 것이 아닌 '사고의 문장'을 쓰는 법

활동을 늘리는 것이 아닌 '연결과 의미'를 만들기

진로를 만드는 것이 아닌 '자기를 알아가는 탐구의 흐름' 을

생활기록부 안에서 어떻게 설계하고 드러낼 수 있을 것인가"를 알려주고 있어요.

여러분의 생기부에는 '생각의 꼬리'가 물려 있나요? 지금 바로 확인해 보세요!

경영 &
경제 계열

경영 & 경제 계열

경영학과

숫자와 논리로 세상을 경영하라!
"CEO를 꿈꾸나요? 그 이상을 준비하세요."

경영학과는 단순히 CEO가 되는 법을 배우는 곳이 아닙니다. 기업과 조직이 어떻게 움직이는지 분석하고, 마케팅, 회계, 인사 등 실질적인 전략을 짜는 곳이죠. 수학적인 분석력과 정보를 활용하는 능력이 필수입니다. 논리적으로 사고하고, 팀원들과 소통하며 문제를 해결하는 리더십이 있다면 금상첨화겠죠?

경영학과 개요

계열	경영·경제계열
학과 특징	기업 및 다양한 조직의 경영 현상을 이론과 실제로 분석하고, 경영 전략, 회계, 마케팅, 조직 관리 등의 분야에서 문제 해결 능력을 키우는 학과
이런 학생에게 적합	- 수리적 분석력과 정보 활용 능력을 갖춘 학생 - 논리적 사고력과 창의적 문제 해결력을 지닌 학생 - 팀워크와 리더십을 실천하며 조직을 운영하고자 하는 학생
인재상 키워드	문제해결력 / 수리논리력 / 리더십 / 정보활용능력 / 창의성과 기획력
필요 역량	수학적 사고 + 사회·경제적 이해력 + 실천적 소통 능력 + 경영 마인드

추천 도서

- 『숫자로 경영하라』 (최종학)
- 『나쁜 사마리아인들』 (장하준)
- 『경영학 콘서트』 (장영재)
- 『미래경영』 (피터 드러커)
- 『회계 천재가 된 홍대리』 (손봉석)
- 『자본주의 이후의 사회』 (피터 드러커)

과목별 연계 키워드

과목	핵심 키워드
수학	확률화 응답 모형, 베르트랑의 역설, 확률형 아이템, 지프의 법칙
영어	글로벌 기업, K-콘텐츠, 카풀 서비스, 계약서 해석, e-커머스
국어	실용국어, 브랜드 슬로건 분석, 설득적 표현, 홍보자료 기획
사회	최저임금, 노동인권, 기업가 정신, 1인 가구 시장 변화, 긱 경제
과학	스마트팩토리, 친환경 에너지, 날씨보험, 신소재 경영 응용
기타	고객경험, 소셜 빅데이터, 행동경제학, OKRs, 혁신관리, 맥도널드화

세특 키워드 활용 전략

탐구 주제 예시

✓ 「고객 경험(CX)을 중심으로 한 브랜드 충성도 분석」

✓ 「노키즈존 논쟁에 대한 경영적 관점과 소비자 분석」

✓ 「확률형 아이템과 청소년 소비행동: 게임 산업 사례 분석」

융합 탐구 예시

✓ 수학+사회: 「확률모형을 활용한 마케팅 캠페인 성과 예측」

✓ 과학+경영: 「스마트팩토리와 ESG 경영의 접점 연구」

졸업 후 진로

분야	직업 예시
기업 경영	CEO, 경영컨설턴트, 인사/마케팅/전략 기획자
금융 분야	투자분석가, 자산운용사, 펀드매니저, 회계사, 세무사
공공·연구	정책 분석가, 경영학 교수, 시장조사 전문가
창업·벤처	스타트업 대표, 사회적 기업가, 비즈니스 개발 전문가

학과 개설 주요 대학

서울대, 고려대, 연세대, 성균관대, 한양대, 중앙대, 경희대, 동국대, 이화여대, 서강대, 건국대, 한국외대, 서울시립대 등

활동 유형	예시 주제
교과 심화탐구	- 긱 이코노미 시대의 플랫폼 노동과 경영 패러다임 - 소비자의 구매결정에 영향을 미치는 심리요인 분석 - '1인 가구 증가'와 기업의 마케팅 전략 변화
과학/수학 융합탐구	- 확률형 아이템과 기대값 분석 - 날씨보험의 통계적 구조와 리스크 관리 - 바코드 인식과 정보처리 알고리즘
인문융합탐구	- 광고 문구에 나타난 소비 심리와 설득 전략 - 경제 뉴스 해석과 주가 변화 비교분석
진로 연계 활동	- 모의 창업 실습 (비즈니스 모델 개발) - 마케팅 전략 캠프 참여 - 커머스 판매 실습 프로젝트
창의활동 연계	- 기업 분석 인포그래픽 제작 - 광고·브랜딩 카드뉴스 제작 - ESG 경영 사례 조사 보고서 작성

합격 사례 A

항목	내용
대학	고려대학교
전형명	학업우수형
내신	2.3대
포인트	- 수학 세특에서 확률모형을 활용한 소비자 행동 예측 보고서 제출 - 사회문화 과목에서 '노동시장 유연성과 최저임금' 관련 탐구 - 경제신문 스크랩 후 인사이트 요약 활동 - 자율동아리에서 '긱 경제 분석 카드뉴스' 제작

입학사정관 평가

"교과 간 연결이 뛰어나고, 데이터 기반 사고력을 바탕으로 실제 경영 문제에 접근한 점이 돋보였음."

합격 사례 B

항목	내용
대학	경희대학교
전형명	네오르네상스
내신	2.7대
포인트	- 『경영학 콘서트』 독서 후 스마트팩토리와 생산성 관련 발표 - 자율활동: 모의 창업 → 온라인 샵 운영 체험 후 보고서 작성 - 동아리: 행동경제학 기반 실험 설계 및 소비 패턴 분석 - 교내 경제토론대회 참여: '1인 가구 마케팅 전략' 발표

입학사정관 평가

"실천적 활동과 이론적 탐구를 모두 수행했으며, 소비자 중심 사고와 창의성이 우수."

불합격 사례 A

항목	내용
대학	중앙대학교
전형명	탐구형인재
내신	2.4대
약점 요인	- 활동은 다양했으나 단편적 수행평가 위주 - 경영학 관련 세특보다 경제·통계 중심 내용에 치중 - 진로희망은 마케팅 전문가이나 세부 활동과 불일치 - 결과물(보고서, 실험, 실습 등)이 없음

입학사정관 평가

"탐구의 깊이나 전공 적합성이 부족하며, 세특 간 연계성과 자기화 과정이 미흡함."

불합격 사례 B

항목	내용
대학	건국대학교
전형명	KU자기추천
내신	2.9대
약점 요인	- 전공 적합 도서 없음 - 수학과 사회 세특 모두 '기술적 활동 설명'에 머무름 - 마케팅 관련 탐구나 실습 활동 없음 - 자기소개서에서 제시한 진로방향이 학생부와 일치하지 않음

입학사정관 평가

"학업성적에 비해 진로 연계 활동이 구체적이지 않았으며, 비교과 활동의 강점이 부족."

입학사정관이 말하는 합불 포인트 요약

항목	합격생의 특징	불합격생의 문제점
세특 구성	수학·사회 중심의 경영 키워드 탐구 포함	과목 간 연계 부족, 활동이 단발적
탐구 주제	실질 경영 이슈(마케팅·소비자·경영 전략 등) 중심	추상적이고 일반적인 수준에 머무름
연계성	탐구–자율–동아리–독서–결과물 간 연결 구조	탐구 또는 실천 중 하나만 존재
결과물	카드뉴스, 보고서, 창업 기획서, PPT 등 산출물 다양	탐구 결과 미제시, 경험 중심 서술

선택의 학문, 숫자로 세상을 읽다!

경제학과는 한정된 자원으로 최고의 결과를 만드는 선택을 연구합니다. 수학과 통계라는 도구로 사회 현상을 분석하는 학문이죠. 수학적 분석을 즐기고, 시사, 정책, 경제 뉴스에 민감한 학생에게 적합합니다.

경제학과 개요

계열	경영·경제계열
학과 특징	한정된 자원으로 최대 효용을 창출하는 경제적 선택을 연구하며, 미시·거시경제 이론을 통해 현실 문제를 수리적·통계적으로 분석하는 학문
이런 학생에게 적합	- 수학적 분석에 흥미와 능력이 있는 학생 - 시사·정책·경제 현상에 논리적으로 접근하는 학생 - 시장과 제도, 글로벌 경제에 호기심이 있는 학생
인재상 키워드	수리적 분석력 / 경제적 사고력 / 윤리의식 / 글로벌 마인드 / 논리성과 창의성
필요 역량	수학+통계 이해력 + 사회문제 통찰력 + 정보 분석·활용 능력 + 정책적 사고력

교과 연계 전략

과목별 연계 키워드

과목	핵심 키워드
수학	멜서스의 인구론, 이익 생성 함수, 총비용 함수, 한계 소비 성향, 윤리방정식
사회	분양가 자율화, 최저임금, 알고리즘 담합, 자영업 생존, 플랫폼 기업
국어	윤리적 소비와 광고 해석, 경제기사 요약, 설명문 설득 전략
영어	글로벌 금융 뉴스 해석, 경제 이슈 영문 기사 분석
과학	날씨보험, 친환경 에너지, 전염병과 경제 구조 변화
기타	핀테크, 무역의존도, 공유경제, 경험경제, 경제 세계화, GDP

졸업 후 진로

분야	직업 예시
공공 정책	경제 정책 분석가, 통계청, 기획재정부 공무원
금융 분야	세무사, 회계사, 펀드매니저, 투자분석가
연구 및 학문	경제학 교수, 연구기관 연구원, 국제기구 경제 담당
산업 분야	빅데이터 기반 수요 예측가, 컨설턴트, 협상전문가

학과 개설 주요 대학

서울대, 연세대, 고려대, 성균관대, 한양대, 이화여대, 서강대, 중앙대, 건국대, 경희대, 동국대, 서울시립대, 홍익대 등

세특 키워드 활용 전략

탐구 주제 예시

✓ 「공유경제의 확산과 전통산업의 구조 변화」
✓ 「핀테크 서비스의 진화와 청년층의 소비 행태 분석」
✓ 「플랫폼 기업의 시장 지배력과 윤리적 쟁점」

융합 탐구 예시

✓ 수학+사회: 「총비용함수를 활용한 자영업 수익성 시뮬레이션」
✓ 과학+경제: 「기후 변화에 따른 날씨보험의 경제적 가치 분석」

추천 도서

- 『17살, 돈의 가치를 알아야 할 나이』(한진수)
- 『청소년을 위한 세계경제사』(석혜원)
- 『넛지』(리처드 탈러)
- 『경제기사 이보다 쉬울 수 없다』(박유연)
- 『프리라이더』(선대인)
- 『청소년 부의 미래』(앨빈 토플러)

활동 유형	예시 주제
교과 심화탐구	- 최저임금 인상이 고용에 미치는 효과 분석 - 분양가 자율화 정책과 부동산 시장 변동 - 소비자 행동과 윤리적 소비 확산 사례
수학/사회 융합탐구	- 총비용 함수로 본 생산자의 의사결정 - 경제 위기 상황에서 정부 재정정책 효과 시뮬레이션
정책 분석 탐구	- 1인 가구 증가와 복지지출 추세 - GDP와 행복지수의 상관관계 분석
진로 연계 활동	- 모의 국제통상협상 참여 - 경제토론대회 참가 - 금융 리터러시 교육활동 기획
창의활동 연계	- '경제 쉽게 설명하기' 카드뉴스 제작 - 청년 고용정책 브리핑 자료 작성 - 경제 다큐멘터리 감상 후 보고서 작성

합격 사례 A

항목	내용
대학	**연세대학교**
전형명	활동우수형
내신	2.1대
포인트	- 『넛지』 독서 후 행동경제학 기반 탐구 보고서 작성 - 수학 세특에서 '이익생성함수'를 이용한 실생활 사례 도출 - 경제동아리 활동: 무역전쟁 분석 토론 및 PPT 제작 - 자율활동: '청년실업 해결을 위한 모의 정책 수립'

입학사정관 평가

"경제현상을 수리적으로 모델링할 수 있는 역량이 뛰어나고, 정책과 연결하는 사고도 우수함."

합격 사례 B

항목	내용
대학	서울시립대학교
전형명	지역균형
내신	2.7대
포인트	- 『경제기사 이보다 쉬울 수 없다』 정리 노트를 기반으로 경제 브리핑 실시 - 사회문화 과목에서 '핀테크 서비스의 문제점' 분석 보고서 작성 - 자율동아리: '청소년 경제교육 콘텐츠' 제작 - 수학+사회 융합: '날씨보험 수익모델' 시뮬레이션 수행

입학사정관 평가

"단순 이론에 머무르지 않고 실질적 경제 활동과 연결한 활동이 돋보였음. 창의성과 실천력이 강점."

불합격 사례 A

항목	내용
대학	이화여자대학교
전형명	미래인재
내신	2.6대
약점 요인	- 경제학 관련 탐구 주제가 없음 - 수학 세특은 공식 위주로 기록, 응용 없음 - 자율활동은 '학생회 활동'에 집중, 전공과 무관 - 독서 활동은 있으나 감상·연결 미흡

입학사정관 평가

"학문적 호기심이 학생부에 드러나지 않았으며, 경제학과 지원 동기를 뒷받침하는 활동이 부족."

불합격 사례 B

항목	내용
대학	건국대학교
전형명	KU자기추천
내신	2.9대
약점 요인	- 세특에 경제 관련 내용이 단편적으로만 존재 - 결과물(보고서, 실험 등) 부족 - 탐구 주제가 추상적이고 일반적인 수준에 머무름 - 전공 적합 도서가 기록되지 않음

입학사정관 평가

"진로 희망은 분명하나 그에 부합하는 준비 과정이 보이지 않음. 활동 간 연계성과 심화 부족."

입학사정관이 말하는 합불 포인트 요약

항목	합격생의 특징	불합격생의 문제점
세특 구성	수학·사회 전반에 경제 키워드 포함, 구체적 활동 서술	수행평가 요약 수준, 전공 관련 기록 부족
탐구 주제	미시·거시경제 이슈를 수치로 모델링 + 정책 적용	주제가 추상적이며 결과물이 없음
연계성	세특–자율–동아리–독서가 긴밀하게 연결됨	각 활동이 단절, 주제 일관성 부족
산출물	시뮬레이션, 보고서, 카드뉴스 등 결과물 풍부	탐구 결과 미제시 또는 단편적 정리

리스크를 관리하는 자가 승리한다.

돈의 흐름을 읽고 위험을 관리하는 학문입니다. 자산 운용부터 보험 상품 설계까지, 숫자에 강하고 꼼꼼한 학생을 원합니다. 수학적 계산력뿐만 아니라 금융시장에 대한 이해와 윤리적 의사결정 능력이 중요합니다.

금융보험학과 개요

계열	경영·경제계열
학과 특징	금융 및 보험에 관한 기초 이론부터 실제 기업의 재무 관리, 위험 평가 및 자산 운용까지 분석하고 적용하는 학과
이런 학생에게 적합	- 경제·금융에 대한 이해와 관심이 깊은 학생 - 수학과 통계를 바탕으로 위험 관리와 투자 분석에 흥미가 있는 학생 - 데이터 기반 의사결정과 글로벌 자본시장에 관심 있는 학생
인재상 키워드	수리 분석력 / 위험관리 능력 / 금융이해력 / 통찰력 / 책임의식
필요 역량	수학적 계산력 + 금융시장 이해 + 데이터 활용 역량 + 윤리적 의사결정 능력

교과 연계 전략

과목별 연계 키워드

과목	핵심 키워드
수학	블랙-숄즈 옵션 모형, 파레토 법칙, 보험료율, 원리합계, 소득분배
사회	금융실명제, 최저임금, 1인 가구, 경제대공황, 인구 폭발
국어	계약서 분석, 금융·보험 관련 기사 해석, 실용문 작성
영어	보험 용어 번역, 글로벌 금융제도 비교
과학	날씨보험, 농작물 재해보험, 핀테크 기술의 원리
기타	긱 경제, 연금제도, 모의 크라우드펀딩, 투자 만족도 조사, 자산운용

졸업 후 진로

분야	직업 예시
보험 분야	보험계리사, 보험중개사, 손해사정사
금융 분야	자산운용사, 증권중개인, 은행원, 펀드매니저
기업·공공기관	리스크매니저, 금융감독원, 재무설계사
학문·연구	재무학자, 경제학 연구자, 국제금융전문가

학과 개설 주요 대학

연세대, 한양대(ERICA), 국민대, 인하대, 아주대, 동덕여대, 숭실대, 한국외대 등

세특 키워드 활용 전략

탐구 주제 예시

✓ 「날씨보험의 구조와 기후변화에 따른 경제적 효과 분석」

✓ 「파레토 법칙과 소비자 행동의 통계적 경향성 분석」

✓ 「핀테크 기반 보험서비스의 확산과 사회적 변화」

융합 탐구 예시

✓ 수학+사회: 「보험료율 산정에 사용되는 통계모형 비교 분석」

✓ 과학+경제: 「기후 변화와 재해보험 상품의 필요성 고찰」

추천 도서

- 『화폐전쟁』(쑹훙빙)
- 『부자 아빠 가난한 아빠』(로버트 기요사키)
- 『자본주의의 매혹』(제리 멀러)
- 『긱 이코노미』(다이앤 멀케이)
- 『정의란 무엇인가』(마이클 샌델)
- 『선택의 조건』(바스 카스트)

활동 유형	예시 주제
교과 심화탐구	- 보험의 역사와 원리 분석 - 연금제도의 유형과 세대별 수익률 비교 - 금융실명제가 시장에 미친 영향
수학/사회 융합탐구	- 블랙-숄즈 모형의 기본 원리 설명 - 파레토 법칙을 적용한 고객군 분석 실습
경제/과학 융합탐구	- 날씨보험의 수익률과 위험 구조 - 핀테크 기술과 보험사의 대응 전략
진로 연계 활동	- 보험사 모의 크라우드펀딩 기획서 작성 - 금융 시뮬레이션 게임 참여 - 은행 견학 및 리포트 작성
창의활동 연계	- 투자상품 비교 카드뉴스 제작 - 경제 신문 기사 분석 브리핑 - 자산배분 포트폴리오 설계 실습

합격 사례 A

항목	내용
대학	연세대학교
전형명	활동우수형
내신	2.2대
포인트	- 수학 세특에서 '보험료율 계산 실습'을 통해 수학적 사고력 강조 - 『화폐전쟁』과 『긱 이코노미』 독서 후 발표 정리 - 자율동아리에서 '금융 뉴스 브리핑' 활동 수행 - 사회문화 과목에서 '연금제도의 불평등 구조' 보고서 제출

입학사정관 평가

"탐구의 주제와 활동이 일관성 있게 이어졌으며, 전공 적합성과 수리 기반 논리력이 우수하게 드러남."

합격 사례 B

항목	내용
대학	한국외국어대학교
전형명	학업우수형
내신	2.5대
포인트	- 자율활동: '금융보험 퀴즈대회' 주관 및 문제 출제 - 『선택의 조건』 독서 후 '보험 가입 결정 요소 분석' 에세이 작성 - 과학+사회 융합 프로젝트: 날씨보험의 실효성 실험 - 진로활동 시간에 금융 관련 현직자 인터뷰 정리보고서 제출

입학사정관 평가

"이론+실무+탐구의 3박자를 갖춘 자기주도적 학생. 금융서비스의 사회적 영향에 대한 통찰도 돋보였음."

불합격 사례 A

항목	내용
대학	숭실대학교
전형명	학교생활우수자
내신	2.4대
약점 요인	- 보험에 대한 관심은 있으나 구체적 탐구 부족 - 수학 세특 내용은 공식 풀이 중심 - 관련 독서 기재는 없음 - 활동 간 연계성 부족

입학사정관 평가

"금융보험학과라는 진로는 확실했으나, 탐구의 깊이나 지속성이 부족해 학과 적합성이 약하게 느껴졌음."

불합격 사례 B

항목	내용
대학	동덕여자대학교
전형명	일반전형
내신	2.8대
약점 요인	- 자율동아리 없음, 세특도 과목 수행 중심 - 탐구 결과물이 기록되지 않음 - 진로활동과 학생부 내용이 연결되지 않음 - 비교과 활동 미흡

입학사정관 평가

"단편적인 참여에 그쳤으며, 학생부 내 활동들이 학과와 관련성이 희박함."

 입학사정관이 말하는 합불 포인트 요약

항목	합격생의 특징	불합격생의 문제점
세특 구성	수학·사회 기반의 금융 탐구가 고르게 분포	과목 편중, 기술적 내용에 그침
탐구 주제	보험, 리스크, 투자와 연계된 실용적 주제	활동은 있으나 전공 연결성 부족
연계성	세특–자율–동아리–독서가 명확히 연결됨	단편적 활동, 종합성 결여
결과물	보고서, 퀴즈대회, 기획서, 시뮬레이션 등 산출물 포함	산출물 없음 또는 단순 기재 수준

무역 유통학과

국경 없는 시장, 물류의 흐름을 쥐어라

세계화 시대, 상품과 서비스가 오가는 길을 연구합니다. 외국어 능력은 기본, 국제 감각과 물류 시스템에 대한 이해가 필요합니다. 글로벌 시장 흐름에 관심이 많고 실생활 유통 구조에 호기심이 있는 학생에게 적합합니다.

무역유통학과 개요

계열	경영·경제계열
학과 특징	세계화 시대의 국제무역, 글로벌 경영, 유통·물류 시스템 등을 이론과 실무를 바탕으로 종합적으로 학습하는 학과
이런 학생에게 적합	- 글로벌 시장 흐름에 관심이 많고 세계 경제에 대한 감각이 있는 학생 - 외국어·통계·지리적 감각을 통해 무역 실무에 도전하고자 하는 학생 - 실생활 유통 구조, 수출입 구조에 관심 있는 실천적 탐구형 학생
인재상 키워드	글로벌 감각 / 무역 실무능력 / 외국어 활용 / 물류 관리력 / 분석 및 소통 능력
필요 역량	수리 논리력 + 경제/지리/정치 통합적 사고력 + 외국어 실용 능력 + 조직·현장 이해력

교과 연계 전략

과목별 연계 키워드

과목	핵심 키워드
국어	계약서 작성, 설득 전략, 다문화 커뮤니케이션
영어	글로벌 기업 사례, 전자상거래, FTA 협약문 해석
수학	물가지수, 가격 차별, 자유무역 게임 시뮬레이션
사회	무역의존도, 개항장, 무역전쟁, 경제보복, 정화의 원정
기타	블록체인, 전자상거래, 해외직구, 물류관리, 탄소발자국

졸업 후 진로

분야	직업 예시
무역·통상	무역사무원, 해외영업원, 국제마케팅 전문가
유통·물류	유통관리사, 물류관리사, SCM 관리자
금융·세무	관세사, 수출입 회계사, 무역보험 관련직
공공·연구	무역진흥기관, 해외무역연구원, 국제기구 통상전문가

학과 개설 주요 대학

건국대, 경희대, 동국대, 숭실대, 한국외대, 인천대, 단국대, 성결대, 한성대 등

세특 키워드 활용 전략

탐구 주제 예시

✓ 「블록체인 기술이 물류 유통 구조에 미치는 영향」

✓ 「스타벅스 공급망 전략의 글로벌 성공요인 분석」

✓ 「탄소발자국 기반 무역정책 변화 시뮬레이션」

융합 탐구 예시

✓ 사회+지리: 「FTA 체결국 간 무역량 비교 및 배경 분석」

✓ 수학+경제: 「물가지수 계산을 통한 실질 구매력 변화 추적」

추천 도서

- 『무역전쟁』 (CCTV 경제 30분팀)
- 『무역왕 김창호』 (이기찬)
- 『국부론』 (애덤 스미스)
- 『죽은 경제학자의 살아있는 아이디어』(토드 부크홀츠)
- 『경제학콘서트』 (팀 하포드)
- 『그들이 말하지 않는 23가지』 (장하준)

활동 유형	예시 주제
교과 심화탐구	- 자유무역과 보호무역의 역사적 효과 분석 - 전자상거래 확산에 따른 유통 구조의 변화 - 무역전쟁과 소비자 물가 변화 분석
융합탐구	- 마라케시 보드게임을 활용한 자유무역 시뮬레이션 - 탄소배출권 거래제와 국제물류 산업의 변화 예측
정책/시사 탐구	- 한·중 FTA 체결의 사회·경제적 영향 분석 - 무역 구조 속 교환과 환불의 법적 기준 비교
진로 연계 활동	- 전자무역 실습 보고서 작성 - 지역 물류단지 견학 후 물류경로 분석 보고서 제출 - 무역클레임 사례 조사 프로젝트
창의활동 연계	- 해외직구 유통절차 카드뉴스 제작 - 무역용어 퀴즈 앱 제작 기획 - 블록체인과 전자통관 시스템 연결 다이어그램 제작

합격 사례 A

항목	내용
대학	경희대학교
전형명	네오르네상스
내신	2.7대
포인트	- 『경제학콘서트』 독서 후 '자유무역 시뮬레이션 보고서' 제출 - 사회문화 세특: '국제 유통 구조와 무역 전략 분석' - 자율활동: 해외직구 체험을 기반으로 유통 과정 시각화 - 동아리 활동: '무역 뉴스 요약 및 시장 반응 분석' 카드뉴스 제작

입학사정관 평가

"현실과 연결된 주제를 스스로 탐구하고 실생활 사례와 연결해낸 점이 우수했음. 전공 적합성 높음."

합격 사례 B

항목	내용
대학	건국대학교
전형명	KU자기추천
내신	2.6대
포인트	- 무역 클레임 사례 정리 프로젝트 진행 - 『그들이 말하지 않는 23가지』 독서 후 비판적 시각 정리 - 영어 세특: '전자무역 관련 문서 독해 및 번역' - 자율활동: 물류표준코드와 블록체인 기반 물류관리 탐색 보고서

입학사정관 평가

"기술과 무역을 연결한 시각, 탐구 기반 실습이 잘 구성되어 있었고, 서류 일관성 확보도 우수했음."

불합격 사례 A

항목	내용
대학	숭실대학교
전형명	SSU인재전형
내신	2.5대
약점 요인	- 무역 관련 세특 내용 부족 - 경제 중심 활동은 있었으나 전공 연계 부족 - 동아리 활동은 경제 일반 수준 - 자기소개서에 진로와 무관한 내용 포함

입학사정관 평가

"경제 관련 활동은 확인되나, 무역과 유통에 대한 자기화·전문화 부족. 전공 이해도 낮음."

불합격 사례 B

항목	내용
대학	**한국외국어대학교**
전형명	학생부종합
내신	2.8대
약점 요인	- 영어 우수, 사회 탐구 활동도 있었지만 무역 관련 프로젝트 없음 - 동아리는 '신문편집반' 중심, 무역과의 연결성 부족 - 세특은 수행평가 요약 중심, 심화 없음

입학사정관 평가

"활동 전반이 전공과의 연결성이 약했고, 심화·전문화된 탐구가 부족함. 서류 완성도가 낮았음."

입학사정관이 말하는 합불 포인트 요약

항목	합격생의 특징	불합격생의 문제점
세특 구성	무역·유통·전자상거래 키워드 다수 포함	일반 경제 활동 중심, 무역 주제 결여
탐구 주제	글로벌 이슈+기술과 연계된 실질 주제 중심	수업 위주 활동 요약, 심화 탐구 부족
연계성	교과–자율–동아리–독서 일관성 있음	활동 간 단절, 방향성 불분명
결과물	카드뉴스, 다이어그램, 보고서 등 산출물 다양	결과물 없음 또는 기록 미흡

세무 회계학과

투명한 장부, 정직한 숫자의 힘

기업의 언어인 회계와 세금을 다룹니다. 숫자를 다루는 꼼꼼함과 법을 해석하는 논리력, 그리고 무엇보다 윤리의식이 중요합니다.

세무회계학과 개요

계열	경영·경제계열
학과 특징	기업 회계 정보와 세무 의사결정에 관한 이론과 실무를 학습하여 회계 처리, 세금 산출, 재무 분석 등 전문성과 실무능력을 함께 갖춘 인재를 양성하는 학과
이런 학생에게 적합	- 수리적 분석력과 꼼꼼한 정보 처리 능력을 갖춘 학생 - 세금, 재무, 회계에 관심이 많고 관련 도서를 읽어본 학생 - 공정성과 윤리의식을 바탕으로 정확한 판단을 내리는 성향의 학생
인재상 키워드	수리력 / 책임감 / 분석력 / 세무 마인드 / 정직성 / 윤리의식
필요 역량	수학적 계산 능력 + 법과 제도 이해력 + 문서 작성 및 해석 능력 + 협업 능력

교과 연계 전략

과목별 연계 키워드

과목	핵심 키워드
수학	상트페테르부르크의 역설, 벤포드의 법칙, 무차별 곡선, 수열, 원리합계
사회	누진세 제도, 법인세, 조세 정책, 고액 체납, 탈세, 분식회계
국어	계약서 작성, 한자어 이해, 세무 관련 법령 해석
영어	글로벌 조세제도 비교, 금융 용어 해석, 다국적기업 세금 사례
기타	로봇세, 핀테크, IT 스타트업, 특허권 회계, 전자세금계산서

졸업 후 진로

분야	직업 예시
전문자격	세무사, 회계사, 관세사, 손해사정사
재무·회계	재무담당자, 회계실무자, 세무대리인
금융기관	금융자산운용가, 외환딜러, 은행원
공공기관	국세청 세무직 공무원, 지방세무 공무원 등

학과 개설 주요 대학

서울시립대, 경희대, 건국대, 숭실대, 가천대, 인천대, 한성대, 동덕여대, 한양대
(ERICA) 등

세특 키워드 활용 전략

탐구 주제 예시

✓ 「벤포드의 법칙으로 살펴본 분식회계 탐지 가능성」

✓ 「최저임금 인상과 법인세 수익 변화의 상관관계 분석」

✓ 「IT 스타트업의 회계처리 방식과 세무이슈」

융합 탐구 예시

✓ 수학+사회: 「누진세 제도와 조세정의의 수치화」

✓ 경제+사회: 「로봇세 도입에 따른 고용 및 세수 변화 전망」

추천 도서

- 『회계학 리스타트』(유관희)
- 『사업하기 전에 세무부터 공부해라』(김진)
- 『재미있는 회계 여행』(정현석)
- 『세법강의』(이철재 외)
- 『국세청이 당신에게 알려주지 않는 세금의 진실』(류성현)
- 『더 골』(엘리 골드럿)
- 『상도』(최인호)

활동 유형	예시 주제
교과 심화탐구	- 기업의 탈세 유형과 과세당국의 대응 전략 분석 - 법인세 인하가 중소기업에 미치는 영향 - 상장기업의 회계정보를 통한 재무 건전성 분석
수학/사회 융합탐구	- 수열과 누진세 구조 시뮬레이션 - 벤포드의 법칙을 통한 회계 부정 탐지 실험
정책/경제 탐구	- 로봇세 도입에 대한 찬반토론 및 시뮬레이션 - 고액 체납자 명단 공개의 실효성 분석
진로 연계 활동	- 자율동아리: 모의 세무 감사 보고서 작성 - '조세와 윤리' 주제 에세이 발표- 세금 관련 재판 모의법정 참여
창의활동 연계	- '회계 용어 알기 쉬운 카드뉴스' 제작 - 스타트업 세무 가이드 북 기획- 세금 유형별 인포그래픽 제작 발표

합격 사례 A

항목	내용
대학	**서울시립대학교**
전형명	학생부종합전형
내신	2.6대
포인트	- 수학 세특: '벤포드 법칙'을 통한 숫자 조작 탐지 사례 발표 - 『사업하기 전에 세무부터 공부해라』 독서 후 소득세 구조 분석 보고서 작성 - 사회문화 세특: '누진세 제도의 역사와 철학' 발표 - 자율활동: 모의세금고지서 발행 활동

입학사정관 평가

"전공 키워드를 스스로 찾아 확장했고, 수치 기반 사고와 윤리적 판단력 모두 우수함."

합격 사례 B

항목	내용
대학	**동덕여자대학교**
전형명	동덕창의리더전형
내신	2.8대
포인트	- 동아리 활동: 분식회계 사례 조사 카드뉴스 제작 - 『국세청이 알려주지 않는 세금의 진실』 독서 후 감상문을 국어세특과 연계 - 과학+사회융합: '로봇세' 찬반 토론 기획 및 진행 - 수학시간: '법인세 인상과 GDP 변화 시뮬레이션' 프로젝트 진행

입학사정관 평가

"복잡한 제도를 단순하게 설명하는 능력이 돋보였고, 탐구 결과물이 체계적으로 정리되어 있었음."

불합격 사례 A

항목	내용
대학	**경희대학교**
전형명	네오르네상스
내신	2.5대
약점 요인	- 회계·세무 관련 활동 없이 경제 일반 활동에 집중 - 독서 활동 있음 (경제 도서)이나 분석/탐구 미흡 - 동아리 활동은 마케팅 중심으로 세무와 관련 없음

입학사정관 평가

"학생의 역량은 충분하나 학과와의 연계성이 보이지 않았고, 활동의 자기화 부족."

불합격 사례 B

항목	내용
대학	**가천대학교**
전형명	바람개비
내신	2.9대
약점 요인	- 과목 세특 대부분 단순 수행평가 요약 - 탐구 활동 없음, 결과물 미기재 - 자기소개서에서 희망 진로는 회계사이나 활동 연결 부족

입학사정관 평가

"학과 적합성이 약하며, 실질적인 탐구 기록과 자율활동이 전공과 무관했음."

 **입학사정관이 말하는 합불 포인트 요약**

항목	합격생의 특징	불합격생의 문제점
세특 구성	수학·사회·경제 과목 중심으로 회계/세무 키워드 탑재	활동 나열 중심, 전공 관련성 약함
탐구 주제	조세제도, 분식회계, 법인세 등 실무형 주제	탐구 없음 또는 단순 발표 요약 수준
연계성	세특–자율–동아리–독서–결과물의 연결 구조	과목별 활동의 단절, 일관성 결여
결과물	카드뉴스, 보고서, 시뮬레이션, 에세이 등 산출물 확보	결과물 미기재, 수행평가만 기록됨

통계학과

데이터, 미래를 예측하는 무기

빅데이터 시대의 꽃입니다. 수많은 데이터 속에서 의미를 찾아내고 미래를 예측하는 힘을 기릅니다. 수학적 흥미는 물론이고 사회 경제 현상에 대한 통찰력이 필요합니다.

통계학과 개요

계열	경영·경제계열
학과 특징	수학적 사고를 기반으로 사회·경제 현상 속 대량의 데이터를 분석하고, 이로부터 의미 있는 해석과 예측을 이끌어내는 학문. 빅데이터, 금융, 산업 분야 등에서 응용됨
이런 학생에게 적합	- 수학·정보 탐구에 흥미가 있고 계산과 분석에 강한 학생 - 데이터 기반 의사결정에 관심이 많은 학생 - AI, 데이터 사이언스, 금융·보험 등의 분야를 통계로 풀고자 하는 학생
인재상 키워드	수리논리력 / 정보분석력 / 통계프로그래밍 / 경제적 통찰 / 모델링 사고력
필요 역량	수학+통계 해석력 + 소프트웨어 활용 능력(R, Python 등) + 사회경제 현상에 대한 관심

교과 연계 전략

과목별 연계 키워드

과목	핵심 키워드
수학	푸아송 분포, 연속성 보정, 회귀 분석, 샘플링, 원리합계
사회	여론조사, 사회통계조사, 잘못된 대표값, 경제방정식
국어	통계 개념 설명문, 계약서 작성 실습, 통계 용어 해설
영어	통계 관련 논문 해석, 통계 기호와 표현 이해
과학/정보	신뢰도 분석, 군집 분석, 인공지능 모델 적용
기타	데이터 과학, 편향, 수요곡선, 공급곡선, 출산율 변화 예측

졸업 후 진로

분야	직업 예시
공공분야	통계직 공무원, 사회조사분석사, 통계청·보건복지부 연구직
산업분석	데이터사이언티스트, 금융공학 분석가, 보험통계사
경영·마케팅	소비자 분석가, 리스크 모델러, CRM 전략 담당
연구/학문	대학 교수, 조사기관 연구원, 글로벌 NGO 분석팀 등

학과 개설 주요 대학

서울대, 고려대, 연세대, 성균관대, 서강대, 한양대, 서울시립대, 중앙대, 건국대, 동국대, 경희대, 이화여대 등

세특 키워드 활용 전략

탐구 주제 예시

✓ 「푸아송 분포를 활용한 도시 교통사고 발생 확률 분석」

✓ 「샘플링 방식에 따른 여론조사 결과 편차 비교」

✓ 「회귀분석을 활용한 물가 상승률 예측 모델 만들기」

융합 탐구 예시

✓ 수학+사회: 「경제 대공황과 통계 수치 왜곡 사례 분석」

✓ 수학+AI: 「군집 분석 알고리즘을 활용한 소비자 분류 실험」

추천 도서

- 「틀리지 않는 법」 (조던 엘렌버그)
- 「통계학 도감」 (쿠리하라 신이치 외)
- 「데이터 과학을 위한 통계」 (피터 브루스 외)
- 「만화로 쉽게 배우는 베이즈 통계학」
- 「세상에서 가장 쉬운 통계학 입문」
- 「통계학의 피카소는 누구일까」 (David Salsburg)

활동 유형	예시 주제
교과 심화탐구	- 푸아송 분포와 일상 생활 사례 연결 - 잘못된 대표값 사례 분석(출산율 통계 등) - 회귀모델을 이용한 경제 변수 예측 실습
수학/사회 융합탐구	- 총선 여론조사 설계와 통계 편향 사례 비교 - 경제지표와 통계적 왜곡에 대한 비판적 분석
AI/정보과학 융합탐구	- 신뢰도 분석 기반의 제품 후기 데이터 시각화 - 군집 분석으로 본 고등학생 진로 유형 분류 실험
진로 연계 활동	- R 기반 통계 실습 보고서 작성 - 자율동아리: 통계 시각화 프로젝트 운영 - 통계 문제 해결형 퀴즈 대회 기획
창의활동 연계	- 통계 개념 카드뉴스 제작 - 코로나19 확진자 통계 변화 시각화 인포그래픽 제작 - 통계 윤리 관련 발표 PPT 구성

합격 사례 A

항목	내용
대학	성균관대학교
전형명	탐구형전형
내신	2.1대
포인트	- 수학 세특: '푸아송 분포 적용 탐구' 수행- 『틀리지 않는 법』 독서 후 통계 오류 사례 발표 - 통계 동아리 운영: 회귀분석 실습 보고서 정리 - 과학 세특: 신뢰도 분석을 통한 실험 설계 활동

입학사정관 평가

"통계적 개념을 실질적 문제 해결에 잘 적용했으며, 탐구 결과 정리 능력도 우수함."

합격 사례 B

항목	내용
대학	서울시립대학교
전형명	학생부종합
내신	2.6대
포인트	- 여론조사 결과 왜곡 사례 수집 후 '대표값 오류' 정리 보고서 작성 - Python을 활용한 간단한 데이터 시각화 실습 - 경제방정식과 실제 경제지표 비교 분석 - 통계 관련 기사 요약·해석 활동

입학사정관 평가

"사회통계적 감각과 기술 활용능력의 균형이 인상적. 실제 데이터를 다루는 자세 우수."

불합격 사례 A

항목	내용
대학	경희대학교
전형명	네오르네상스
내신	2.4대
약점 요인	- 수학 세특은 계산 위주, 탐구 내용 없음 - 탐구 주제가 수학과 통계의 연결성 부족 - 진로는 통계학과이나 관련 활동 미흡

입학사정관 평가

"수학 성취도는 우수하나, 통계에 대한 실질 탐구와 활동이 전혀 드러나지 않음."

불합격 사례 B

항목	내용
대학	건국대학교
전형명	KU자기추천
내신	2.8대
약점 요인	- 활동은 다양하나 통계 관련성 부족 - 과목별 세특 단절, 통계 주제 없음 - 자율활동, 동아리 모두 비통계적 - 탐구 결과물 없음

입학사정관 평가

"지원 학과와 활동 방향이 전혀 연결되지 않아, 학과 적합성 매우 낮음."

입학사정관이 말하는 합불 포인트 요약

항목	합격생의 특징	불합격생의 문제점
세특 구성	수학 기반 + 통계 키워드 포함된 심화 탐구	교과 탐구 없음, 수치 풀이 중심
탐구 주제	회귀분석, 분포, 대표값, 군집 분석 등 구체적 모델 적용	추상적 주제, 산출물 없음
연계성	교과–동아리–자율–독서 유기적 연결	활동 단편적, 통계학과 연계 부족
결과물	보고서, 발표자료, 시각화 카드뉴스 등 확보	기록 없음 또는 정리 부족

서비스, 고객의 마음을 기획하다

호텔리어, 그 이상을 꿈꾸세요. 글로벌 마인드와 서비스 정신, 그리고 경영 능력을 갖춘 관광 전문가를 양성합니다. 사람을 좋아하고 외국어와 문화에 대한 호기심이 많은 학생에게 딱 맞습니다.

호텔관광 경영학과 개요

계열	경영·경제계열
학과 특징	호텔 및 관광 산업 전반에 대한 이해와 실무 교육을 바탕으로, 서비스산업의 전문가로 성장할 수 있는 글로벌 마인드와 고객 중심 경영 능력을 기르는 학과
이런 학생에게 적합	- 사람을 좋아하고 서비스 산업에 관심 있는 학생 - 글로벌 문화에 대한 수용성이 높고 외국어에 흥미가 있는 학생 - 현장 실무를 체험하고 관광 기획을 해보고 싶은 학생
인재상 키워드	고객지향성 / 글로벌 감각 / 기획력 / 외국어 활용 / 서비스 리더십
필요 역량	커뮤니케이션 능력 + 문화 이해력 + 현장 적응력 + 경영마인드 + 감성지능(EQ)

교과 연계 전략

과목별 연계 키워드

과목	핵심 키워드
국어	기행문학, 홍보자료 작성, 관광 콘텐츠 스토리텔링
영어	관광안내문 해석, 호텔 고객 응대 문장 분석, K-culture 소개
수학	객실점유율, 만족도 조사 통계 처리, 수요 예측, 가격 책정
사회	오버투어리즘, 다크 투어리즘, MICE 산업, 지역브랜드화
기타	스마트 관광, 호캉스, 텍스트 마이닝, 공정여행, 의료관광, 방역 정책

졸업 후 진로

분야	직업 예시
호텔·관광 산업	호텔리어, 객실·예약 매니저, 관광기획자, 여행사 관리자
문화·이벤트 기획	MICE산업 전문가, 파티플래너, 지역문화기획자
마케팅 분야	관광 콘텐츠 마케터, 고객경험(CX) 분석가
공공·연구	관광진흥청, 지역관광공사, 관광 관련 연구소

학과 개설 주요 대학

경희대, 경기대, 세종대, 숙명여대, 한양대, 가천대, 성결대, 용인대, 안양대, 한세대 등

세특 키워드 활용 전략

탐구 주제 예시

✓ 「오버투어리즘과 지역경제의 상관관계 분석」

✓ 「빅데이터 기반 호텔 객실 수요 예측 모델」

✓ 「공정여행이 지역 커뮤니티에 미치는 긍정적 효과」

융합 탐구 예시

✓ 수학+사회: 「객실가격 책정의 탄력성 분석과 소비자 반응 모델링」

✓ 영어+지리: 「영문 관광안내문 분석을 통한 효과적 콘텐츠 개발 실습」

추천 도서

- 『경영의 신 잭 웰치』 (정산)
- 『미래경영』 (피터 드러커)
- 『글로벌 기업의 조건』 (아르누 드 마이어)
- 『스티브 잡스』 (월터 아이작슨)
- 『성공하는 사람들의 7가지 습관』 (스티븐 코비)
- 『사다리 걷어차기』 (장하준)

활동 유형	예시 주제
교과 심화탐구	- 기후변화가 호텔 예약률에 미치는 영향 - 관광지의 안내문 개선 방안 제시 - 다크 투어리즘의 윤리적 가치 분석
융합탐구	- 객실 점유율과 가격 탄력성 간의 관계 분석 - 스마트 관광을 위한 고객 행동 예측 모델 - 도시브랜딩 사례 조사 및 인포그래픽 제작
진로 연계 활동	- 관광 동아리: 지역축제 콘텐츠 기획안 제작 - 호텔 견학 및 응대 매뉴얼 분석 보고서 - 공정여행 캠페인 포스터 제작 및 발표
창의활동 연계	- 지역 관광지 영상 콘텐츠 제작 - 영어 관광안내 해설 대본 작성 - 여행지 만족도 조사 실시 및 데이터 분석

대학별 합격 / 불합격 사례 비교 분석

합격 사례 A

항목	내용
대학	경희대학교
전형명	네오르네상스
내신	2.7대
포인트	- 『성공하는 사람들의 7가지 습관』 독서 후 고객응대 적용 사례 발표 - 지역 관광지에 대한 외국인 응대용 안내문 작성 프로젝트 - 자율활동: '스마트관광 캠페인' 기획안 제작 - 수학 세특: '호텔 예약률과 객실 가격의 상관관계 분석' 보고서 제출

입학사정관 평가

"글로벌 서비스 마인드와 실무 지향 탐구가 잘 결합되어 있었고, 통계적 사고력도 돋보였음."

합격 사례 B

항목	내용
대학	세종대학교
전형명	창의인재전형
내신	2.5대
포인트	- 영어 세특: K-Culture 관광 콘텐츠 영문 제작 실습 - 동아리: 지역명소 가이드 영상 제작 및 영어 자막 삽입 - 사회문화: 오버투어리즘 현상에 대한 사회적 영향 분석 - 진로활동: 여행 기획서 작성 및 현장 설문조사 진행

입학사정관 평가

"탐방·현장·영상 콘텐츠 등 다양한 포맷으로 탐구를 표현해 전공 적합성과 실행력이 높았음."

불합격 사례 A

항목	내용
대학	숙명여자대학교
전형명	숙명인재전형
내신	2.6대
약점 요인	- 호텔관광 관련 세특 없음 - 동아리 활동은 독서 중심, 진로연계 부재 - 관광 도서 독서기록 없음 - 자기소개서 내용과 학생부 비일치

입학사정관 평가

"서비스 산업에 대한 탐구 의지나 실행력이 학생부에 드러나지 않았고, 진로 일관성 부족."

불합격 사례 B

항목	내용
대학	**경기대학교**
전형명	KGU학생부종합
내신	2.9대
약점 요인	- 탐구활동 없이 수행평가 요약 중심 세특 - 자율활동과 교과세특 연결 미흡 - 진로 목표는 있음(호텔리어) → 관련 탐구 및 결과물 없음

입학사정관 평가

"전공에 대한 준비가 미흡하고, 실질적 활동이 부족했음. 학생부 서술의 전략적 구성이 아쉬움."

 **입학사정관이 말하는 합불 포인트 요약**

항목	합격생의 특징	불합격생의 문제점
세특 구성	교과별로 서비스·관광·고객 관련 키워드 탐구	단편적 수행평가, 전공 연계 탐구 부재
탐구 주제	실제 관광 이슈 및 고객경험 기반 탐구	추상적 주제, 적용력 부족
연계성	교과-동아리-자율-진로-독서가 유기적으로 연결	활동 간 단절, 결과물 없음
결과물	포스터, 기획서, 만족도 조사 보고서, 안내문 등 다양	탐구 산출물 부족 또는 미기재

광고 &
언론 & 홍보 계열

2 광고 & 언론 & 홍보 계열

광고 홍보학과

15초의 미학, 마음을 훔치는 전략가

광고홍보학과는 단순히 톡톡 튀는 아이디어를 내는 곳이 아닙니다. 심리학, 경영학, 미디어 이론을 바탕으로 사람의 마음을 움직이는 전략을 짜는 곳이죠. 트렌드를 읽는 눈과 데이터를 분석하는 머리, 그리고 이를 표현하는 감각이 모두 필요합니다.

광고홍보학과 개요

계열	광고·언론정보계열
학과 특징	마케팅, 심리학, 미디어, 커뮤니케이션 등 다양한 이론을 바탕으로 광고 전략, 브랜드 기획, 홍보 콘텐츠 제작 등 설득 커뮤니케이션 기술을 연구하는 학과
이런 학생에게 적합	- 매체와 대중문화에 관심 많고 표현력과 감각이 뛰어난 학생 - 사회 변화에 민감하며 스토리텔링과 기획을 좋아하는 학생 - 공익광고, 캠페인 기획 등에 흥미가 있고 사람들과의 소통에 적극적인 학생
인재상 키워드	설득력 / 매체감각 / 트렌드 분석 / 데이터 리터러시 / 커뮤니케이션 전략
필요 역량	언어표현력 + 시각기획력 + 대중소통능력 + 데이터 분석력 + 사회문화 감수성

추천 도서

- 『인문학으로 광고하다』 (박웅현)
- 『대중문화의 이해』 (김창남)
- 『언론의 4이론』 (프레드 시버트 외)
- 『역사는 커뮤니케이션이다』 (강준만)
- 『뉴미디어와 정보사회』 (강현두 외)
- 『홍보 불변의 법칙』 (얄리스 로라리스)

<table>
<tr><td rowspan="2" valign="top">교과연계전략</td><td>과목별 연계 키워드</td></tr>
<tr><td>

과목	핵심 키워드
국어	매체 언어, 광고 문구 분석, 공익광고 카피 창작, 협상 담화, 혐오표현 분석
영어	글로벌 브랜드 광고 해석, SNS 광고 비교, 문화적 맥락 읽기
수학	효율적 광고, 퍼지이론, 게슈탈트 이론, 시청률 통계 해석
사회	미디어 소비, 다문화 사회, 기업윤리, 프로슈머, 티핑포인트
과학/정보	모션그래픽, 데이터 기반 타겟 마케팅, SNS 알고리즘 구조

</td></tr>
</table>

세특 키워드 활용 전략

탐구 주제 예시

✓ 「광고 문구에 숨은 프레이밍 효과 분석」

✓ 「공익광고와 사회인식 변화의 상관관계」

✓ 「데이터 기반 코즈 마케팅 전략 분석」

융합 탐구 예시

✓ 국어+사회: 「시대별 공익광고 문구 분석과 사회 흐름」

✓ 수학+미디어: 「광고 효율성 통계를 활용한 캠페인 전략 기획」

<table>
<tr><td rowspan="2" valign="top">진로·진학연계</td><td>졸업 후 진로</td></tr>
<tr><td>

분야	직업 예시
광고기획	AE, 광고감독, 카피라이터, 크리에이티브 디렉터
마케팅홍보	브랜드 매니저, 디지털 마케터, PR매니저, 프로모션 담당
미디어콘텐츠	SNS 기획자, 영상광고 콘텐츠 제작자, 미디어 기자
여론·소통전문	커뮤니케이션 컨설턴트, 사회조사분석가, 캠페인 전략가

</td></tr>
</table>

학과 개설 주요 대학

서울대, 고려대, 연세대, 성균관대, 한양대, 중앙대, 경희대, 동국대, 이화여대, 서강대, 건국대, 한국외대, 서울시립대 등

활동 유형	예시 주제
교과 심화탐구	- 시대별 광고 문구에 담긴 가치관 변화 분석 - 인플루언서 광고와 소비자 인식 조사 - 티핑포인트 이론을 활용한 캠페인 기획안
미디어·수학 융합탐구	- 광고 시청률 통계 분석 + 콘텐츠별 클릭률 비교 - SNS 알고리즘을 활용한 타깃 광고 전략
창의 활동	- 공익 광고 포스터/영상 기획 및 제작 - SNS 광고 스토리보드 작성 실습 - 광고 문구 비판적 분석 카드뉴스 제작
진로 연계 활동	- 자율동아리: 브랜디드 콘텐츠 분석과 비교 기획 - 광고 회사 체험 및 직무 인터뷰 보고서 작성 - 기업 브랜드 재설계 활동 및 피드백 설계

대학별 합격 /
불합격 사례
비교 분석

합격 사례 A

항목	내용
대학	중앙대학교
전형명	CAU탐구형인재
내신	2.3대
포인트	- 『인문학으로 광고하다』 독서 후 '공익광고와 감성소구' 주제 발표 - 사회 세특: '프로슈머와 브랜드 형성의 관계 분석' - 자율동아리: 광고 문구 리디자인 프로젝트 운영 - 수학 세특: 광고 효율 통계 비교 분석 수행

입학사정관 평가

"단순 표현을 넘어 이론적 개념을 실제 사례로 전환한 점이 우수했음. 전공 적합성이 뚜렷함."

합격 사례 B

항목	내용
대학	동국대학교
전형명	DoDream
내신	2.6대
포인트	- SNS 광고에 대한 콘텐츠 분석 보고서 제출 - 『대중문화의 이해』 독서 후 광고 수용자 유형 분류 - 진로활동: 광고회사 기획자 인터뷰 기획안 정리 - 교내 광고공모전 기획서 제출 및 수상

입학사정관 평가

"학생의 광고 콘텐츠 분석력이 높고, 제작-비평-기획까지 균형 있게 구성되어 있었음."

불합격 사례 A

항목	내용
대학	국민대학교
전형명	국미프런티어
내신	2.5대
약점 요인	- 광고/홍보 관련 탐구나 결과물 없음 - 동아리 활동은 독서토론 중심 - SNS나 미디어 관련 탐구 부족 - 자기소개서 내용이 추상적이며 학생부와 연계 약함

입학사정관 평가

"관심은 보여졌으나 실질적인 실행이나 탐구가 부족함. 활동 기록에서 구체성이 아쉬웠음."

불합격 사례 B

항목	내용
대학	이화여자대학교
전형명	미래인재
내신	2.7대
약점 요인	- 자기소개서: '카피라이터가 되고 싶다'는 문장 있으나 활동 연계 부족 - 국어/사회 세특은 일반적인 수행평가 내용 - 독서 활동은 다수 있으나 전공 관련 도서 없음

입학사정관 평가

"서류에 의지는 있었으나 활동으로 실현된 부분이 부족했음. 통합적 사고나 결과물이 아쉬웠음."

입학사정관이 말하는 합불 포인트 요약

항목	합격생의 특징	불합격생의 문제점
세특 구성	광고·미디어·소비자 관련 키워드가 교과 전반에 포함	수행평가 요약 위주, 전공 관련 탐구 부재
탐구 주제	트렌드와 광고 전략을 이론+현상으로 연결	추상적 관심 표현, 실질적 자료나 분석 없음
연계성	세특–동아리–자율–독서가 유기적으로 연결됨	활동 간 단절, 자기소개서와 불일치
결과물	영상, 카드뉴스, 기획서 등 탐구 기반 산출물 보유	결과물 없음, 기록 부족 또는 평가용 정리 미흡

언론정보학과

세상을 보는 창, 진실을 전하는 힘

신문, 방송, 디지털 매체를 통해 세상과 소통하는 법을 배웁니다. 기자가 되고 싶다면 단순히 글을 잘 쓰는 것을 넘어, 사회 현상을 날카롭게 비판하고 분석하는 눈을 길러야 합니다.

언론정보학과 개요

계열	광고·언론정보계열
학과 특징	신문, 방송, 디지털 매체 등 다양한 미디어를 통해 사회와 개인을 연결하는 커뮤니케이션 이론 및 실무를 탐구하며, 정보 전달, 여론 형성, 미디어 비판 능력을 함양하는 학과
이런 학생에게 적합	- 사회 문제에 관심이 많고 정의감과 공정성에 민감한 학생 - 매체언어, 영상, 뉴미디어에 대한 비판적 사고가 있는 학생 - 글쓰기·말하기를 좋아하고, 사람들과의 소통을 즐기는 학생
인재상 키워드	저널리즘 / 소통능력 / 비판적 사고 / 미디어리터러시 / 윤리의식
필요 역량	언어이해력 + 사회현상 통찰력 + 데이터 독해력 + 공공성 기반 문제의식

교과 연계 전략

과목별 연계 키워드

과목	핵심 키워드
국어	퍼블릭 저널리즘, 매체 언어, 혐오표현, 줄임말의 형성, 담화 분석
영어	언론윤리 관련 뉴스, 글로벌 저널리즘 비교, SNS 이슈 번역·토론
수학	유언비어 확산율, 정치 여론조사 통계, 퍼지이론, 시청률 자료 해석
사회	딥페이크, 침묵의 나선이론, 잊혀질 권리, 미디어의 편향성
기타	가짜뉴스, 디지털 시민성, 정보의 신뢰성, 인플루언서, 미디어 윤리

졸업 후 진로

분야	직업 예시
보도·기자	신문기자, 방송기자, 온라인뉴스 에디터
방송·영상	PD, 작가, 뉴스편집자, 콘텐츠 디렉터
커뮤니케이션	언론홍보 전문가, 미디어전략가, 여론조사 분석가
학문·교육	언론학 교수, 미디어 교육자, 미디어 연구자

학과 개설 주요 대학

서울대, 고려대, 연세대, 서강대, 성균관대, 중앙대, 이화여대, 동국대, 경희대, 한국외대, 세종대, 서울여대 등

세특 키워드 활용 전략

탐구 주제 예시

✓ 「가짜뉴스와 침묵의 나선이론: 여론형성의 이면」

✓ 「딥페이크와 언론 윤리: 기술의 진보인가 위험인가」

✓ 「SNS 시대, 언론의 게이트키핑 역할 변화 분석」

융합 탐구 예시

✓ 국어+사회: 「혐오표현과 표현의 자유: 헌법과 언어 윤리의 경계」

✓ 수학+사회: 「여론조사 통계 수치의 해석 오류 분석」

추천 도서

- 『권력과 언론』 (박성제)
- 『언론의 4이론』 (프레드 시버트 외)
- 『소셜미디어의 이해』 (소셜미디어연구포럼)
- 『다시 기자로 산다는 것』 (고재열 외)
- 『뉴미디어와 정보사회』 (강현두 외)
- 『이팀장의 언론홍보노트』 (이상헌)

활동 유형	예시 주제
교과 심화탐구	- 퍼블릭 저널리즘의 한계와 가능성 탐색 - 침묵의 나선이론으로 본 여론의 왜곡 - 미디어 오보 사례 분석과 윤리적 대응
미디어·사회 융합탐구	- SNS 뉴스 알고리즘 분석 - 언론 자유와 징벌적 손해배상의 균형 탐색
창의 활동	- 인포그래픽으로 표현한 '가짜뉴스 사례' 제작 - 팟캐스트 또는 브이로그로 뉴스 편집 실습 - 뉴스 기사 리라이팅 실습과 공개 비평
진로 연계 활동	- 자율동아리: '미디어 읽기' 저널 제작 - 언론사 방문 및 직무 인터뷰 보고서 작성 - 학교 내 이슈에 대한 뉴스 콘텐츠 기획 및 발표

대학별 합격 / 불합격 사례 비교 분석

합격 사례 A

항목	내용
대학	연세대학교
전형명	활동우수형
내신	1.8대
포인트	- 『언론의 4이론』 독서 후 비판적 시각 정리 - 사회문화 세특에서 '디지털 시민성과 여론조작' 주제로 탐구 - 자율활동: 가짜뉴스 사례 분석 카드뉴스 제작 - 국어 시간: 언론문 투고 실습 후 교내신문에 기고

입학사정관 평가

"전공에 대한 깊은 이해와 사회문제에 대한 예민한 감각이 돋보였고, 언어와 콘텐츠로 표현하는 능력도 우수."

합격 사례 B

항목	내용
대학	동국대학교
전형명	DoDream
내신	2.3대
포인트	- 언론사 직업 인터뷰 진행 후 리포트 제출 - 『다시 기자로 산다는 것』 독서 후 '언론인의 윤리적 딜레마' 발표 - 동아리 활동: 가짜뉴스 유형별 사례 분석 및 퀴즈제작 - 과학 세특: 딥페이크 기술의 작동 원리 탐구

입학사정관 평가

"기술적 이해와 사회적 감수성의 균형이 좋았으며, 실천 기반 탐구력이 돋보였음."

불합격 사례 A

항목	내용
대학	서강대학교
전형명	일반전형
내신	2.2대
약점 요인	- 언론정보학과 희망 기재는 있으나 관련 탐구 전무 - 세특은 발표 요약 중심, 비판적 사고력 표현 부족 - 뉴스 제작·비평·리포트 등 결과물 없음

입학사정관 평가

"관심은 있어 보이나 학과에 맞춘 실질적 활동이나 분석 능력이 보이지 않음."

항목	내용
대학	이화여자대학교
전형명	미래인재
내신	2.7대
약점 요인	- SNS 사용 빈도에 대한 일기 수준의 기록만 존재 - 동아리, 자율활동 모두 진로와 무관 - 자기소개서에 희망 직업은 기자이나 관련 증거 부족

입학사정관 평가

"학생부와 자기소개서가 일관되지 않으며, 언론에 대한 비판적 접근이나 실습이 결여됨."

입학사정관이 말하는 합불 포인트 요약

항목	합격생의 특징	불합격생의 문제점
세특 구성	미디어·언론·사회 키워드 포함, 교과 전반 연결	전공 관련 탐구 없음, 수업 요약 수준
탐구 주제	디지털 윤리, 여론 형성, 가짜뉴스, 표현 자유 등 현실 밀착 주제	관심 표명만 있고 실천·결과물 없음
연계성	교과-자율-동아리-독서-결과물 간 연계 우수	활동 간 단절, 탐구 결과 미흡
결과물	기사, 카드뉴스, 영상, 뉴스편집 등 산출물 다양	탐구 산출물 없음 또는 비기록

기술과 콘텐츠의 만남, 뉴미디어를 리드하다

영상, 디지털 콘텐츠, 뉴미디어 플랫폼을 다루는 학과입니다. 문과적 감수성과 이과적 기술 이해도가 융합되어야 하는 곳이죠. OTT, 유튜브, 메타버스 등 새로운 미디어 환경에 관심이 많다면 도전해보세요.
콘텐츠 뒤에 숨겨진 의도, 사회적 영향력, 그리고 기술적 원리까지 파고드는 '분석가'의 면모를 보여주세요. 여러분이 만든 카드뉴스 한 장, 영상 기획안 하나가 여러분의 역량을 증명하는 최고의 포트폴리오가 됩니다!

정보미디어 학과 개요

계열	광고·언론정보계열
학과 특징	뉴미디어와 디지털 커뮤니케이션 환경 속에서 인간과 기술, 콘텐츠의 상호작용을 학제적으로 탐구하며, 다양한 미디어 콘텐츠의 기획·제작·분석을 수행하는 학과
이런 학생에게 적합	- 디지털 미디어 기술과 문화에 동시에 관심이 있는 학생 - 창의적인 아이디어를 시각적, 언어적으로 표현하는 데 흥미가 있는 학생 - 사회 현상과 미디어 변화에 민감하게 반응하고 분석할 줄 아는 학생
인재상 키워드	뉴미디어 / 콘텐츠 기획 / 시각화 능력 / 디지털 리터러시 / 미디어 기술감각
필요 역량	정보 활용력 + 소통능력 + 시각 창의력 + 기술융합 이해력 + 사회문화 감수성

교과 연계 전략

과목별 연계 키워드

과목	핵심 키워드
국어	매체 언어, SNS 콘텐츠 분석, 줄임말 형성, 광고 문구, 혐오표현
영어	글로벌 SNS 캠페인 분석, 영상 콘텐츠 자막 번역 실습
수학	유언비어 확산율, 게슈탈트 이론, 피츠의 법칙, 정보 시각화
사회	팬덤문화, OTT, 디지털 시민성, 콘텐츠 불법 유통, 잊혀질 권리
과학/정보	모션그래픽, 물리엔진, 빛의 조합, 딥페이크 기술, 정보통신윤리

졸업 후 진로

분야	직업 예시
미디어 기획	콘텐츠 프로듀서, 영상기획자, UX/UI 디자이너
방송·언론	기자, PD, 아나운서, 영상편집자, 리포터
디지털 콘텐츠	웹디자이너, 모션그래픽 디자이너, 유튜브 콘텐츠 디렉터
커뮤니케이션	미디어 교육자, SNS 마케터, 디지털윤리 전문가

학과 개설 주요 대학

연세대, 고려대, 서강대, 성균관대, 이화여대, 중앙대, 건국대, 동국대, 숙명여대, 한국외대, 광운대, 명지대, 한양대(ERICA) 등

세특 키워드 활용 전략

탐구 주제 예시

✓ 「OTT 플랫폼별 이용자 선호도 비교 분석」

✓ 「클럽하우스와 앱티즌 문화의 윤리적 이슈」

✓ 「게슈탈트 이론을 적용한 시각디자인 분석」

융합 탐구 예시

✓ 수학+미디어: 「유언비어 확산율 통계를 활용한 SNS 구조 분석」

✓ 과학+정보: 「딥페이크 생성 원리와 정보 윤리 문제」

추천 도서

- 『미디어와 정보사회』 (오택섭)
- 『세상을 바꾼 미디어』 (김경화)
- 『뉴스의 시대』 (알랭 드 보통)
- 『미디어의 이해』 (마셜 매클루언)
- 『방송기술 총람』 (송재극)
- 『상상력에 엔진을 달아라』 (임현우)
- 『인문학으로 광고하다』 (박웅현 외)

활동 유형	예시 주제
교과 심화탐구	- 세포마켓(셀러 마켓)의 구조와 소비자 반응 분석 - 클럽하우스의 단방향 소통 특성과 공론장 역할 비교 - 팬덤 콘텐츠의 재생산 구조 분석
미디어·수학 융합탐구	- 유언비어 확산율 수식화 및 시뮬레이션 실험 - OTT 플랫폼 알고리즘과 사용자 피드백 구조 분석
창의 활동	- SNS 공익 캠페인 영상 제작 - 팟캐스트 대본 기획 및 실제 방송 녹음 - 인포그래픽 뉴스 카드뉴스 제작
진로 연계 활동	- 자율동아리: 콘텐츠 리뷰 영상 제작 - 미디어 비평 블로그 운영 및 팔로워 분석 - OTT 시청자 만족도 조사 및 리포트 작성

합격 사례 A

항목	내용
대학	중앙대학교
전형명	CAU융합형인재
내신	2.4대
포인트	- 『세상을 바꾼 미디어』 독서 후 OTT 영향력 분석 발표 - 자율활동: SNS 콘텐츠 편집 및 디자인 실습 - 정보과학 세특: 딥페이크 기술과 윤리 문제 탐구 - 미디어 동아리: 콘텐츠 시청률 조사 및 시각화 카드뉴스 제작

입학사정관 평가

"미디어의 기술적 이해와 사회적 책임 의식을 함께 갖춘 학생으로, 학과 적합성이 매우 뛰어났음."

합격 사례 B

항목	내용
대학	건국대학교
전형명	KU자기추천
내신	2.6대
포인트	- 동아리에서 OTT 서비스 사용자 경험 리서치 수행 - 『미디어의 이해』를 기반으로 영상콘텐츠 분석 프레임 제작 - 과학 세특에서 '모션그래픽의 빛의 원리' 발표 - 영어 과목에서 글로벌 미디어 콘텐츠 비교 분석 보고서 작성

입학사정관 평가

"기획·제작·분석이 균형 있게 구성된 활동 구조가 돋보였으며, 실무 감각과 학문적 호기심 모두 충족."

불합격 사례 A

항목	내용
대학	동국대학교
전형명	DoDream
내신	2.5대
약점 요인	- SNS 사용 경험만 있을 뿐 분석·기획 없음 - 전공 관련 도서 독서 미기재 - 세특은 일반 수행평가 요약 수준 - 결과물 없음

입학사정관 평가

"활동이 피상적이며, 전공에 대한 탐구 의지나 결과물이 보이지 않음."

불합격 사례 B

항목	내용
대학	숙명여자대학교
전형명	숙명인재전형
내신	2.8대
약점 요인	- 진로 희망은 있으나 연계 세특 부족 - 탐구주제 없이 미디어 이용 경험만 기재 - 포트폴리오·리포트 등 산출물 없음

입학사정관 평가

"전공 적합성과 활동의 연결성 부족. 단순한 진로 기재만으로는 충분하지 않음."

 **입학사정관이 말하는 합불 포인트 요약**

항목	합격생의 특징	불합격생의 문제점
세특 구성	기술·문화·윤리를 통합한 미디어 탐구 반영	단편적 미디어 이용, 탐구·연결 없음
탐구 주제	OTT, 딥페이크, 팬덤, SNS 등 최신 미디어 이슈 중심	탐구 없음 또는 감상 수준 진술
연계성	교과-자율-동아리-산출물이 논리적으로 연결	활동 간 연계성 결여
결과물	카드뉴스, 영상, 기획안, 시뮬레이션 등 존재	결과물 부재 또는 기록 누락

MEMO

인문 &
과학 계열

문화 콘텐츠학과

상상력에 기술을 입혀라

단순히 드라마나 웹툰을 좋아하는 것을 넘어, 그것을 기획하고 제작하고 마케팅하는 능력을 배웁니다. 인문학적 스토리텔링 능력에 디지털 미디어 기술을 더해 새로운 가치를 만들어내는 융합형 인재를 원합니다.

문화콘텐츠 학과 개요

계열	인문과학계열
학과 특징	인문학적 기초 위에 콘텐츠 기획, 제작, 미디어 마케팅 등 실무 능력을 갖춘 융합형 인재 양성에 초점을 둔 학과
이런 학생에게 적합	- 새로운 매체와 콘텐츠 산업에 관심이 많은 학생 - 창의력과 표현력이 뛰어나며 문화 현상을 분석할 수 있는 역량을 갖춘 학생 - 디지털 환경에 익숙하고 스토리텔링, 마케팅, 영상제작 등에 열정이 있는 학생
인재상 키워드	창의성 / 기획력 / 매체 감수성 / 미디어 리터러시 / 소통능력 / 트렌드 분석 역량
필요 역량	언어 표현력 + 시각적 기획력 + 디지털 활용능력 + 문화/사회 분석력

추천 도서

- 『미디어 아트』(진중권)
- 『대중문화의 이해』(김창남)
- 『소셜미디어의 이해』
- 『스티브 잡스』
- 『언론의 4이론』
- 『뉴미디어와 정보사회』

과목별 연계 키워드

과목	핵심 키워드
국어	통신언어, 영화의 기호학, 웹툰 서사, 고전 재해석, 미디어 언어
영어	K-pop의 글로벌화, OTT 콘텐츠 비교, 각국 애니메이션 분석
수학	비례·대칭, 베지에 곡선, 유클리드 기하학, 게슈탈트 이론
사회	프로슈머, 콘텐츠 불법 유통, 문화생활과 경제생활, 잊혀질 권리
과학	모션디자인, 물리엔진, 빛의 조합, 생물의 분류, 정보통신윤리
기타	VR/AR, 문화지체현상, 예술치료, 다양한 매체 간 비교분석

세특 키워드 활용 전략

탐구 주제 예시

✓ OTT 콘텐츠 추천 알고리즘의 문제점

✓ 웹툰에서의 여성 캐릭터 재현 분석

✓ K-pop 뮤직비디오의 문화코드 읽기

융합 탐구 예시

✓ 미디어와 윤리, 소비와 콘텐츠 → "잊혀질 권리와 영상 콘텐츠"

✓ 수학적 시각디자인 요소 → "게슈탈트 이론과 콘텐츠 소비자 반응"

졸업 후 진로

분야	직업 예시
콘텐츠 기획	콘텐츠스토리텔러, 웹툰 기획자, 영상 작가
언론·미디어	언론인, 방송작가, 광고 카피라이터
큐레이션	큐레이터, 전시기획자, 미디어 해설사
디지털 산업	디지털미디어 전문가, IT콘텐츠 컨설턴트
교육·학문	문화콘텐츠 연구자, 문화학자, 미디어 교수 등

학과 개설 주요 대학

성균관대, 서강대, 연세대, 이화여대, 중앙대, 건국대, 경희대, 한양대(에리카), 가톨릭대, 상명대, 광운대, 서경대 등

활동 유형	예시 주제
교과 심화탐구	- 웹툰 서사의 구조 분석 - 미디어 언어의 기호학적 해석 - 대중문화에 나타난 여성 재현 방식
과학 융합탐구	- AR 기술과 인터랙티브 콘텐츠 - 빛의 조합을 활용한 색채 디자인 실험
인문융합탐구	- OTT 알고리즘의 윤리성 - 디지털 기억과 '잊혀질 권리'
진로 연계 활동	- 콘텐츠 공모전 참가 - 광고/홍보영상 제작 활동 - 스토리텔링 캠프 참여
창의활동 연계	- 카드뉴스/영상 콘텐츠 제작 - 청소년 미디어 동아리 운영 - 문화산업 탐방 기획서 작성

대학별 합격 /
불합격 사례
비교 분석

합격 사례 A

항목	내용
대학	성균관대학교
전형명	학업우수형
내신	2.1대
포인트	- 『미디어 아트』, 『대중문화의 이해』 등 전공 독서기록 + 세특 연계 - 국어 세특에서 "웹툰 구조 분석 보고서" 수행 - 사회 과목에서 콘텐츠 불법 유통 관련 토론 참여 - 미디어 동아리 활동에서 "SNS 캠페인 콘텐츠" 직접 기획 - 진로 활동에서 "디지털 인문학의 가능성" 발표회 참가

입학사정관 평가

"전공 관련 흥미와 실천력이 분명하며, 탐구와 제작 활동이 균형 있게 잘 드러났음. 전공적합성과 표현력이 우수함."

합격 사례 B

항목	내용
대학	건국대학교
전형명	KU자기추천
내신	2.6대
포인트	- 콘텐츠 공모전 수상 이력 포함 - 『스티브 잡스』 독서 후 '창의성과 기획력' 중심 자기주도활동 수행 - 사회문화 과목에서 "디지털 프로슈머" 관련 탐구 보고서 제출 - 자율동아리 '미디어비평반' 활동에서 카드뉴스 제작

입학사정관 평가

"활동 하나하나에 진정성이 묻어나고, 실무 능력의 가능성을 보여줌. 콘텐츠 기획에 필요한 종합적 사고력이 우수함."

불합격 사례 A

항목	내용
대학	중앙대학교
전형명	탐구형인재
내신	2.4대
약점 요인	- 독서 활동은 다수 기재되어 있으나, 구체적 활동과의 연계 부족 - 세특이 '주제 없음' 형태로 단편적 기술에 그침 - 콘텐츠 기획·제작 활동은 있었으나 학교 밖 경험으로만 구성 - 자기소개서 내용이 추상적이고 자기화 부족

입학사정관 평가

"학생부만으로는 전공 관련 역량이나 의지가 충분히 드러나지 않았음. 자기소개서와 세특 간 불일치도 아쉬움."

불합격 사례 B

항목	내용
대학	이화여자대학교
전형명	미래인재
내신	2.7대
약점 요인	- 진로희망은 콘텐츠기획자로 명시하였으나, 연계 세특이 국어 한 과목에만 편중 - 수학·사회·과학 등 타 교과 세특은 전공 관련 탐구 없이 수행평가 요약만 기재 - 동아리 활동은 진로와 무관한 참여 위주

입학사정관 평가

"서류 전체에서 전공에 대한 집중력과 구체성이 부족함. '관심 있음'의 수준에 머무름."

입학사정관이 말하는 합불 포인트 요약

항목	합격생의 특징	불합격생의 문제점
세특 구조	전공 관련 탐구가 교과별로 균형 있게 포함	특정 과목에만 몰려 있거나 단편적 표현
탐구 주제	실무형 콘텐츠 주제 (제작, 캠페인, 플랫폼 분석 등)	추상적인 아이디어 나열 중심
연계성	국어-사회-자율활동 간 연계 구성	활동 간 연결성 부족

사학과

과거를 통해 미래를 통찰하다

역사는 암기 과목이 아닙니다. 사료를 분석하고 비판적으로 해석하여 현재의 문제를 해결하는 통찰력을 기르는 곳입니다. 올바른 역사관과 집요한 탐구 정신이 필요합니다.

사학과 개요

계열	인문과학계열
학과 특징	사료 분석을 기반으로 역사적 사실을 실증적으로 재구성하고, 이를 통해 현대사회의 문제를 통찰하며 미래를 전망하는 학과
이런 학생에게 적합	- 역사에 관심이 많고 인간 사회의 흐름에 대한 탐구욕이 강한 학생 - 올바른 역사관과 비판적 시각을 지닌 학생 - 다양한 문헌자료를 분석하고 해석하는 능력을 기르고자 하는 학생
인재상 키워드	역사관 / 비판적 사고 / 분석력 / 통시적 사고 / 문화 해석 역량
필요 역량	인문학 독해력 + 문헌자료 분석력 + 사회/정치 맥락 이해력 + 사료 비판 능력

교과 연계 전략

과목별 연계 키워드

과목	핵심 키워드
국어	서사갈래, 고전의 현대적 활용, 호곡장론, 은일자, 역사콘텐츠 창작
영어	민주주의 발전, 베트남 전쟁, 문화재 반환 국제사례, 인종주의
수학	미적분 발달사, 주령구, 삼각법, 윷놀이의 수학적 원리
사회	탈냉전, 식민지 근대화론, 제노사이드, 은의 유통, 홍산문화
과학	천문관측과 달력, 코페르니쿠스 혁명, 증기기관의 발명, 빅뱅 이론
기타	야사/영웅사관/식민사관 비교, 유사역사학 분석, 역사적 관점에서의 법의학

졸업 후 진로

분야	직업 예시
학문 연구	역사학자, 고고사학자, 대학 교수
공공·교육	중·고등학교 교사, 학예사, 기록물관리사
언론·기록	기자, 출판 편집자, 스토리텔러
문화산업	역사 콘텐츠 제작자, 문화 해설사, 콘텐츠 큐레이터

학과 개설 주요 대학

서울대, 고려대, 연세대, 이화여대, 성균관대, 서강대, 중앙대, 경희대, 한국외대, 동국대, 숙명여대, 서울시립대 등

세특 키워드 활용 전략

탐구 주제 예시

✓ 「식민사관 비판과 역사 교육의 방향」

✓ 「증기기관 발명이 가져온 사회 변화 분석」

✓ 「역사 드라마 속 사실과 허구 비교 분석」

융합 탐구 예시

✓ 과학+역사: 「코페르니쿠스 이론과 세계관의 전환」

✓ 국어+역사: 「삼국유사에 나타난 서사 구조와 민속 인식」

추천 도서

- 『역사란 무엇인가』 (E. H. 카)
- 『다시 찾는 우리 역사』 (한영우)
- 『삼국유사』 (일연)
- 『역사가의 시간』 (강만길)
- 『사기열전』 (사마천)
- 『그리스 로마 신화』 (불핀치)
- 『백범일지』 (김구)
- 『나의 문화유산답사기』 (유홍준)

활동 유형	예시 주제
교과 심화탐구	- 「식민지 근대화론 비판」 - 「제노사이드 발생 원인 비교: 나치와 르완다」 - 「백범일지 속 독립운동가의 세계관 분석」
과학 융합탐구	- 「과학혁명과 역사적 패러다임 변화: 갈릴레이~뉴턴」 - 「천문 관측의 발전과 농경사회 변천사」
인문 융합탐구	- 「야사와 정사, 대중문화에 반영된 역사 서술 비교」 - 「사극 속 역사왜곡의 문제와 교육적 접근」
진로 연계 활동	- 독립기념관 해설사 체험- 박물관 큐레이터 체험 - 지역 유적지 답사 리포트 작성
창의활동 연계	- 역사 팟캐스트 제작 - '역사 속 직업' 콘텐츠 기획 - 역사 연표 인터랙티브 앱 기획서 작성

합격 사례 A

항목	내용
대학	고려대학교
전형명	학업우수형
내신	2.2대
포인트	- 『역사란 무엇인가』 독서 후 '역사관' 발표회 참여 - 사회문화 세특에서 '식민지 근대화론' 주제 토론 참여 - 동아리에서 '지역사 연구 보고서' 제작 - 자율활동 시간에 '조선시대 과거제도 재현 수업' 참여 - 국어 세특에 고전 속 역사적 맥락 탐구 포함

입학사정관 평가

"역사에 대한 자기화된 탐구와 다양한 시선에서의 접근이 인상적. 진로목표와 활동 사이의 일관성이 좋았음."

합격 사례 B

항목	내용
대학	한양대학교
전형명	학생부종합
내신	2.6대
포인트	- 『삼국유사』 독서 후 관련 지역 설화 조사 프로젝트 수행 - 사회 세특에서 '탈냉전' 관련 발표 및 보고서 제출 - 동아리 활동: '근대사 인물 재조명' 영상 제작 - 진로활동에서 학예사 직무 체험 캠프 참여

입학사정관 평가

"고전과 현대사 모두에 대한 균형 있는 접근과 영상 콘텐츠까지 연결한 창의성 우수."

불합격 사례 A

항목	내용
대학	이화여자대학교
전형명	미래인재
내신	2.5대
약점 요인	- 진로희망은 '역사학자'이나 세특엔 관련 탐구 없음 - 활동 대부분이 '수행평가 요약' 수준 - 독서기록은 많았으나 교과/진로와 연결 부족 - 사회 세특은 단순 발표 내용만 서술됨

입학사정관 평가

"학과 적합성이 낮고, 세특과 자기소개서 간 내용 불일치가 아쉬웠음. 진로활동이 부족."

불합격 사례 B

항목	내용
대학	경희대학교
전형명	네오르네상스
내신	2.4대
약점 요인	- 사회탐구 과목의 세특은 거의 비어있음 - 국어 세특은 발표 위주, 탐구 부족 - 동아리 활동도 일회성 체험 중심 - 역사와 직접 관련된 결과물 없음

입학사정관 평가

"서류 상으로는 진로와 전공에 대한 구체성이 떨어지고, 깊이 있는 탐구 결과가 확인되지 않음."

입학사정관이 말하는 합불 포인트 요약

항목	합격생의 특징	불합격생의 문제점
세특 구조	다양한 교과에서 역사 중심 탐구가 존재	특정 과목만 집중, 연결성 부족
탐구 주제	사관, 사료 해석, 역사 콘텐츠 등 실질 탐구	수업 위주의 단편적 활동
결과물	보고서, 영상, 발표 등 다양하고 구체적	활동 결과물이 없음
연계성	독서, 세특, 자율활동이 연결됨	활동이 단절되거나 우연적

인간을 향한 따뜻하고 날카로운 시선

인간의 문화, 언어, 생물학적 특성을 통합적으로 연구합니다. 낯선 문화를 편견 없이 바라보는 열린 마음과 현상을 집요하게 관찰하는 탐구력이 필요합니다.

인류학과 개요

계열	경영·경제계열
학과 특징	인간의 문화, 언어, 사회, 생물학적 특성 등을 통합적으로 연구하며, 세계화와 다문화 시대의 인간 이해를 지향하는 학과
이런 학생에게 적합	- 인간 행동의 원인과 문화적 배경에 대한 깊은 관심이 있는 학생 - 사회현상과 문화 차이를 분석하고자 하는 학생 - 현장 조사와 다문화 감수성이 뛰어난 학생
인재상 키워드	문화이해 / 다문화 감수성 / 관찰력 / 현지조사능력 / 윤리적 민감성
필요 역량	인문학·사회과학 통합 사고력 + 문화 비교 분석력 + 자료 해석 능력 + 탐구 기획력

교과 연계 전략

과목별 연계 키워드

과목	핵심 키워드
국어	세태소설, 교술문학, 방언 조사, 문화적 문법
영어	언컨택트, 연설문 분석, 신화 비교, 다문화 소통 사례
수학	숫자의 발전사, 기하학의 활용, 칠교놀이의 수리적 구조
사회	카스트제도, 1인 가구, 가족법, 아테네 민주정, 브라만교
과학	유전자 다양성, 인체 골격 변화, 지속가능한 후퇴, 인류세
기타	제노사이드, 음식과 문화, 북한 인류학, 4차 산업혁명과 문화

졸업 후 진로

분야	직업 예시
학문 연구	인류학자, 고고학자, 대학 교수
공공/문화	문화재발굴관리사, 문화재보존원, 학예사
미디어	기자, 다큐멘터리 작가, 인류문화 기획자
국제협력	국제 NGO, 다문화 정책 연구자, 글로벌 시민단체

학과 개설 주요 대학

서울대, 연세대, 고려대, 한양대(ERICA), 세종대, 덕성여대 등

세특 키워드 활용 전략

탐구 주제 예시

✓ 「한국의 1인가구와 전통 가족제도의 변화」

✓ 「우생학의 인류학적 오류 분석」

✓ 「신화 비교를 통한 문화 간 세계관 탐색」

융합 탐구 예시

✓ 생명과학 + 사회문화: 「DNA와 집단 정체성의 문화적 해석」

✓ 수학 + 문화: 「칠교놀이와 전통 놀이의 수학적 구조 비교」

추천 도서

- 『문화의 수수께끼』(마빈 해리스)
- 『총, 균, 쇠』(재레드 다이아몬드)
- 『낯선 곳에서 나를 만나다』
- 『처음 만나는 문화인류학』
- 『글로벌시대의 문화인류학』
- 『나의 문화유산답사기』
- 『현대 고고학 강의』

활동 유형	예시 주제
교과 심화탐구	- 제노사이드의 인류학적 배경 분석 - 낯선 문화를 이해하는 법: 교실 속 다문화 사례 - 방언 보존과 문화 정체성
과학 융합탐구	- 인체 골격 변화와 진화사 - 생물학적 다양성과 민족 분류의 오류
인문융합탐구	- 음식 문화의 전통과 전지구화 - 4차 산업혁명과 노동의 미래: 문화적 변화 예측
진로 연계 활동	- 박물관 해설 봉사 - 인류학 도서 북클럽 활동 - 마을 공동체 조사 보고서 작성
창의활동 연계	- 다문화 축제 콘텐츠 기획 - 글로벌 가족 구성 비교 카드뉴스 제작 - 언컨택트 시대의 인간관계 설문조사 분석

대학별 합격 / 불합격 사례 비교 분석

합격 사례 A

항목	내용
대학	**연세대학교**
전형명	활동우수형
내신	2.3대
포인트	- 『총, 균, 쇠』 독서 후 "문명의 교류와 인류 발전" 주제로 교과 탐구 - 사회문화 세특에 '카스트제도'와 '브라만교' 비교 분석 포함 - 자율동아리에서 '인간 진화사' 주제 발표 - 지역 다문화센터 방문 보고서 제출

입학사정관 평가

"인류학이 다루는 주제를 정교하게 탐구했고, 단순 관심을 넘어 깊은 사유가 느껴졌음. 활동 간 연계가 명확했음."

합격 사례 B

항목	내용
대학	서울대학교
전형명	지역균형
내신	2.0대
포인트	- 생명과학 세특에 '인체 골격 변화와 인류 진화' 분석 포함 - 국어 과목에서 '문화적 문법과 언어 다양성' 주제로 글쓰기 수행 - 『처음 만나는 문화인류학』 독서 후 심화 보고서 제출 - 자율활동에서 다문화 교육 관련 모의 정책 제안서 발표

입학사정관 평가

"자기 주도적인 탐구를 통해 인류학적 사고의 깊이를 잘 보여줬으며, 융합적 역량이 강점으로 평가됨."

불합격 사례 A

항목	내용
대학	한양대(ERICA)
전형명	학생부종합
내신	2.5대
약점 요인	- 전공 관련 독서 기재는 있으나 세특과 연결 부족 - 교과 활동 중심의 나열식 서술 - 다문화/인류 관련 활동 없음 - 자기소개서와 학생부 내용 불일치

입학사정관 평가

"학과에 대한 관심은 보이나 활동과의 연결고리가 약하고 자기화된 탐구가 부재함."

불합격 사례 B

항목	내용
대학	덕성여자대학교
전형명	학교생활우수자
내신	2.8대
약점 요인	- 활동이 다분야로 흩어져 집중성 부족 - 사회과목 세특에 핵심 키워드 부재 - 탐구 결과물 없음 - 자율활동과 진로 희망 간 연계 미흡

입학사정관 평가

"학생의 가능성은 느껴지나, 인류학과 관련된 지속적 활동이나 탐구 흐름이 명확하지 않았음."

입학사정관이 말하는 합불 포인트 요약

항목	합격생의 특징	불합격생의 문제점
세특 구성	전공 연계 키워드가 다수 포함, 교과 전반에 고루 배치	특정 과목 편중, 키워드 및 탐구 부족
탐구 주제	인류, 문화, 다문화, 진화 등 주제를 자기화해 정리	활동은 있으나 전공과 직접 연결되지 않음
연계성	세특-자율-동아리-진로활동 간 유기적 연결	활동 간 방향성 불명확, 연계성 약함
결과물	리포트, 글쓰기, 모의 정책 등 탐구물 존재	결과물 미제시, 수업기록 수준

철학과

생각의 근육을 키우는 학문

세상의 근본적인 물음을 던지고 논리적으로 답을 찾아가는 과정입니다. 고리타분한 옛날이야기가 아니라, AI 윤리, 생명 공학, 정의란 무엇인가 등 현대 사회의 가장 뜨거운 쟁점을 다룹니다.

철학과 개요

계열	인문과학계열
학과 특징	세계와 인간에 대한 근본적인 물음을 이성적으로 탐구하며, 고전에서 현대까지 철학자들의 사유를 배우고, 스스로 사유하는 힘을 기르는 학과
이런 학생에게 적합	- 다양한 사고방식을 수용하고 논리적으로 정리할 수 있는 학생 - 폭넓은 독서를 바탕으로 질문하고 사유하는 힘을 기른 학생 - 타인과의 대화를 통해 사고를 확장해 나갈 수 있는 학생
인재상 키워드	비판적 사고 / 논리력 / 윤리의식 / 표현력 / 사유의 깊이
필요 역량	언어 이해력 + 논리적 분석력 + 독서·글쓰기 능력 + 윤리적 판단력

교과 연계 전략

과목별 연계 키워드

과목	핵심 키워드
국어	시인과 역사가의 역할, 변신담, 시화(詩話), 고전읽기
영어	젠더 문제, 자유주의, 민주주의의 발전, 포토 저널리즘
수학	무한, 제논의 역설, 분석철학, 수학철학
사회	산파술, 윤리학, 성리학, 신자유주의, 고전과 윤리
과학	인지과학, 유전자 편집, 인체쇼핑, 오가노이드, 불확실성의 원리
기타	자유의지, 트롤리 딜레마, 인공지능, 동물권, 행복의 의미

졸업 후 진로

분야	직업 예시
학문 연구	철학자, 대학 교수, 윤리학자
교육	중등학교 윤리·사회 교사, 철학 강사
미디어	아나운서, 언론인, 칼럼니스트, 작가
인문 서비스	출판기획자, 통·번역가, 콘텐츠 큐레이터
법·공공 분야	로스쿨 진학 후 변호사, 정책기획가, NGO 활동가

학과 개설 주요 대학

서울대, 연세대, 고려대, 이화여대, 성균관대, 서강대, 중앙대, 동국대, 경희대, 한국외대, 건국대, 서울시립대 등

세특 키워드 활용 전략

탐구 주제 예시

✓ 「자유의지와 결정론의 철학적 쟁점」

✓ 「AI 시대의 도덕 판단은 가능한가?」

✓ 「트롤리 딜레마로 본 현대 윤리의 딜레마」

융합 탐구 예시

✓ 수학+철학: 「제논의 역설로 본 무한 개념의 철학적 성찰」

✓ 과학+윤리: 「유전자 편집의 윤리와 생명의 정의」

추천 도서

- 『정의란 무엇인가』 (마이클 샌델)
- 『중국철학사』 (풍우란)
- 『자유론』 (존 스튜어트 밀)
- 『철학카페에서 문학 읽기』 (김용규)
- 『긍정의 배신』 (바버라 에런라이크)
- 『도덕을 위한 철학통조림』 (김용규)
- 『칸트와 헤겔의 철학』 (백종현)

활동 유형	예시 주제
교과 심화탐구	- 「행복의 의미에 대한 시대별 철학 비교」 - 「동물권을 중심으로 한 윤리적 딜레마 탐구」 - 「문학 속 자유의지와 철학적 해석」
과학 융합탐구	- 「불확실성의 원리와 인식의 한계」 - 「유전자 편집의 철학적 쟁점 분석」
사회 융합탐구	- 「민주주의와 자유주의의 철학적 충돌」 - 「젠더 문제와 철학적 관점」
진로 연계 활동	- 철학 독서토론 동아리 운영 - 철학 고전 필사 프로젝트- 윤리토론대회 참가
창의활동 연계	- 철학 팟캐스트 기획·운영 - '사유의 기록' 문집 제작 - 트롤리 딜레마 애니메이션 제작

합격 사례 A

항목	내용
대학	연세대학교
전형명	활동우수형
내신	2.2대
포인트	- 『정의란 무엇인가』, 『도덕을 위한 철학통조림』 등 다수 독서 - 윤리와사상 수업 중 '자유의지'에 대한 찬반토론 발표 - 동아리에서 '트롤리 딜레마'를 주제로 철학 토론 진행 - 자율활동에서 '미러링 대화법' 체험 보고서 작성 - 국어 세특에 '시인과 철학자의 사회적 역할' 관련 글쓰기 활동 포함

입학사정관 평가

"철학적 사유를 다양한 활동으로 풀어낸 점, 고전과 현대를 넘나드는 융합적 탐구가 돋보였음."

합격 사례 B

항목	내용
대학	중앙대학교
전형명	CAU탐구형인재
내신	2.5대
포인트	- 『자유론』 독서 후 '행복의 기준' 에세이 작성 - 과학 세특에 '유전자 편집과 생명윤리' 주제 포함 - 수학 세특에서 '무한과 논리의 철학적 의미' 발표 - 교내 글쓰기 대회 '자유의지' 주제로 수상 - 자율동아리: 철학카페 운영 → 철학 대중화 콘텐츠 제작

입학사정관 평가

"사고의 깊이와 글쓰기 능력이 모두 우수. 철학을 실천적으로 접근한 태도가 인상적."

불합격 사례 A

항목	내용
대학	경희대학교
전형명	네오르네상스
내신	2.3대
약점 요인	- 탐구 주제가 '윤리'에서 벗어나 있음 (경제/환경 위주) - 철학 관련 활동 없이 희망학과만 철학과로 기재 - 세특 기록은 수행평가 수준의 나열 - 진로활동 없음

입학사정관 평가

"학생부 전반에서 철학과의 연관성이 부족하며, 자기소개서와도 연결되지 않았음."

불합격 사례 B

항목	내용
대학	고려대학교
전형명	학업우수형
내신	2.1대
약점 요인	- 독서 다수 기재되어 있으나 감상 및 활동 연계 없음 - 탐구결과물 미제시 - 동아리 활동은 미디어 제작 중심 (전공 비연계) - 논술에만 치중, 학생부는 철학적 색채 부족

입학사정관 평가

"서류 상 성적은 우수하나 전공 적합성과 학문 이해도가 드러나지 않음."

 ## 입학사정관이 말하는 합불 포인트 요약

항목	합격생의 특징	불합격생의 문제점
세특 구성	철학 키워드 다수 포함, 수업에서의 사고 과정 기록	일반적 활동 나열, 교과 간 연계성 부족
탐구 주제	철학 고전 기반, 현대사회 문제 적용 탐구	철학 개념 없이 교양적 수준에 머무름
연계성	세특–자율–동아리–독서–글쓰기 유기적 연결	활동은 다양하나 통합적 서술 부족
결과물	토론, 발표, 보고서, 글쓰기, 창작물 등 다수 보유	수상·보고서 등 탐구 결과물 없음

문헌정보학과

도서관 사서? 정보 전문가!

문헌정보학은 단순히 책을 정리하는 학문이 아닙니다. 쏟아지는 정보(데이터)를 수집, 분류, 조직하여 가치 있는 지식으로 만드는 정보 과학입니다.

문헌정보학과 개요

계열	인문과학계열
학과 특징	가치 있는 정보를 선별·조직·보존·서비스하는 방법과 기술을 연구하는 학문으로, 공공도서관·기록관리·디지털 아카이브 등 정보 흐름을 다루는 핵심 인문정보 기반 학과
이런 학생에게 적합	- 독서를 생활화하며 정보를 정리·전달하는 데 흥미가 있는 학생 - 기록, 문헌, 데이터의 사회적 의미에 관심 있는 학생 - 디지털 환경과 공공성·윤리를 함께 고민할 수 있는 학생
인재상 키워드	정보 구조화 / 비판적 사고 / 독서 역량 / 공공성 / 디지털 리터러시
필요 역량	독해·요약 능력 + 논리적 사고 + 정보기술 이해 + 사회·윤리적 판단

교과 연계 전략

과목별 연계 키워드

과목	핵심 키워드
국어	독서 방법론, 고전 문헌 해석, 텍스트 구조 분석, 정보 요약
영어	학술 자료 독해, 글로벌 정보 접근, 디지털 자료 비교
수학	확률과 통계, 이진 탐색, 분류 체계의 논리
사회	정보격차, 공공기록관리, 정보 윤리, 가짜뉴스
정보	데이터 분류, 색인어 추출, 텍스트 마이닝, AI 정보 탐색

졸업 후 진로

분야	직업 예시
도서관·기록 분야	사서 · 기록물관리사 · 고문헌 학예연구사 · 문화재보존가
정보·데이터 분야	지식 큐레이터 · 정보보호전문가 · 데이터 분석 보조 연구원
언론·출판 ·미디어 분야	조사부 기자 · 콘텐츠 편집자 · 작가
기타	지식경영전문가 · 정책 연구 보조원

학과 개설 주요 대학

인서울 주요 대학
덕성여대 · 동덕여대 · 명지대 · 상명대 · 서울여대 · 성균관대 · 숙명여대 · 연세대 · 이화여대 · 중앙대 · 한성대

지방 주요 대학
강남대 · 경기대 · 대진대 · 인천대

세특 키워드 활용 전략

탐구 주제 예시

✓ "한국십진분류법과 온라인 플랫폼 분류 체계 비교"

✓ "가짜뉴스 확산 구조와 정보 검색 알고리즘의 한계"

✓ "공공도서관의 디지털 전환이 정보 접근성에 미치는 영향"

융합 탐구 예시

✓ 국어 + 정보 → "독서 기록 텍스트의 토픽모델링 분석"

✓ 사회 + 정보 → "정보격차와 디지털 도서관 정책"

✓ 수학 + 정보 → "이진 탐색 원리를 활용한 검색 알고리즘 이해"

추천 도서

- 『위대한 도서관 사상가들』 (고인철 외)
- 『독서의 기술』 (모티머 J. 애들러)
- 『생각하지 않는 사람들』 (니콜라스 카)
- 『히말라야 도서관』 (존 우드)
- 『도서관, 그 소란스러운 역사』 (매튜 배틀스)
- 『밤의 도서관』 (알베르트 망구엘)
- 『사서가 말하는 사서』 (이용훈)
- 『책의 미래』 (로버트 단턴)

활동 유형	예시 주제
기록·고전 기반	- 한국십진분류법 분류 실습 - 장서 기록 DB 구축 - 고문헌 해제 작성
정보기술·데이터	- 텍스트 마이닝 실습 - 색인어 추출 알고리즘 구현 - 디지털 아카이브 설계
사회·문화	- 독립서점 사례조사 - 공공도서관 접근성 조사 - 지역 정보격차 해결 아이디어
자율활동	- 독서토론회 주도 - 교내 도서관 운영 개선 제안
창의활동	- 교내 북큐레이션 기획 - '가짜뉴스 팩트체크' 콘텐츠 제작

**대학별 합격 /
불합격 사례
비교 분석**

합격 사례 A

항목	내용
대학	성균관대학교
전형명	학생부종합
내신	1.8대
포인트	- 한국십진분류법 분석 + 적용 실습 - 텍스트마이닝 기반 문학작품 색인어 추출 프로젝트 - 독서량·비판적 글쓰기 매우 우수

입학사정관 평가

"정보기술 + 인문 독서력의 완전한 융합형."

합격 사례 B

항목	내용
대학	**이화여자대학교**
전형명	미래인재형
내신	2.2대
포인트	- 독립서점 큐레이션 프로젝트 운영 - 공공도서관 접근성 조사 보고서 우수 - '가짜뉴스 판별 기술' 탐구

입학사정관 평가

"사회 문제 해결형 정보 활용 능력 강조."

불합격 사례 A

항목	내용
대학	**중앙대학교**
전형명	CAU융합형인재
내신	3.0대
약점 요인	- 탐구가 책 요약 수준에 머묾 - 정보기술 요소 거의 없음 - 활동 간 연계 부족

입학사정관 평가

"전공 적합성과 깊이 모두 부족."

불합격 사례 B

항목	내용
대학	**덕성여자대학교**
전형명	학생부종합
내신	3.1대
약점 요인	- 고전 탐구는 했으나 기록관리와의 연계 부족 - 정량적 분석·데이터 활용 없음 - 보고서 완성도 부족

입학사정관 평가

"비판적·기술적 요소 부족으로 탈락."

입학사정관이 말하는 합불 포인트 요약

항목	합격생의 특징	불합격생의 문제점
탐구 방식	기록·분류·데이터 기반	전공 심화 탐구 없는 단순 감상 위주 독서
전공 키워드	KDC·색인어·텍스트마이닝·라키비움	본인 계열에 맞는 키워드 부족 및 없음
결과물	큐레이션·분석보고서·DB	나열식 산출물 or 보고서 부족
연계성	국어→정보→연구 완전 연결	교과 및 비교과 활동과 전공 간 연계성 미흡
진로성	도서관·기록·정보 명확	전공 적합성 불분명 및 단순 흥미 수준 그침

문화재 보존학과

인문학적 감수성과 과학적 분석의 만남

문화유산의 가치를 이해하는 인문학적 소양과, 유물을 보존하고 복원하는 과학적 기술이 모두 필요한 융합 학문입니다. 역사를 사랑하고 실험을 좋아하는 학생에게 제격입니다.

문화재 보존학과 개요

계열	인문과학계열
학과 특징	문화유산을 보존하고 그 의미를 탐구하는 학과로, 인문학적 소양과 과학적 분석 역량을 모두 요구
이런 학생에게 적합	- 문화유산에 관심이 많고 역사적 감수성이 뛰어난 학생 - 작은 변화나 손상에도 민감하게 관찰할 수 있는 세심함을 지닌 학생 - 복원, 보존, 전시 등 실무적 과정에도 관심이 있는 학생
인재상 키워드	문화적 감수성 / 비판적 사고 / 관찰력 / 협업 능력 / 실무 중심 학문 탐구
필요 역량	인문학적 독해력 + 과학적 탐구력 (화학, 생물, 물리 등) + 시각적 감각

교과 연계 전략

과목별 연계 키워드

과목	핵심 키워드
국어	청구영언, 구전문학, 문화재 명칭 분석, 조선후기 서재(사랑재 등), 팔만대장경
영어	해외 문화유산, 도굴 사건, 루브르 박물관, 문화재 반환 뉴스 번역·해석
수학	탑의 높이와 너비, 기하학적 문양, 첨성대의 원리, 해시계의 원리
사회	문화재보호법, 무형문화재 지정 기준, 문화재 정책 비교, 세계문화유산
과학	유물 부식, 보존처리, 보존과학, 석굴암 구조, 거중기 원리, 천장 구조

졸업 후 진로

분야	직업 예시
공공기관	문화재청, 지자체 문화재 담당 공무원
연구직	문화재연구원, 고고학자, 인류학자
실무직	문화재수리기능자, 보존과학자, 전시기획자
교육·홍보	박물관 해설사, 문화재 콘텐츠 기획자, 기자

학과 개설 주요 대학

동국대학교, 공주대학교, 용인대학교, 한국전통문화대학교, 중앙대학교(문화재 관련 전공 포함)

세특 키워드 활용 전략

탐구 주제 제안

✓ 문화재 복원 기술의 과학적 원리

✓ 전통 건축물의 구조 분석

✓ 고대 유물의 손상 메커니즘

융합 탐구 예시

✓ '보존과학'과 '한국사' 융합 → "고대 유물의 부식과 복원 기술 연구"

보고서 제목 예시

✓ 「석굴암의 구조를 통해 본 문화재 건축 기법」

✓ 「거중기의 원리와 현대 복원 기술의 비교」

추천 도서

- 『진중권의 서양미술사』
- 『처음 만나는 문화인류학』
- 『아름다움과 숭고함의 감정에 대한 고찰』
- 『나의 문화유산답사기』
- 『놀이와 인간』
- 『히스토리아』

활동 유형	예시 주제
교과 심화탐구	- 황룡사 9층 목탑 복원 논란 분석 - 불국사의 처마 곡선이 주는 미학적 가치 분석
과학 융합탐구	- 유물의 산화 방지법 연구 - 문화재 복원 시 사용하는 화학 물질의 안정성 분석
인문 융합탐구	- 문화재 반환 문제와 국제법 - 세계 각국의 무형문화재 지정 제도 비교
진로 연계 활동	- 박물관 봉사 활동 - 문화유산 해설사 체험 프로그램 참여
창의활동 연계	- 문화재 포스터/카드뉴스 제작 - 지역 문화유산 스토리텔링 공모전 참여

합격 사례 A

항목	내용
대학	동국대학교
전형명	DoDream
내신	2.3대
포인트	- 『나의 문화유산답사기』를 중심으로 한 독서활동 → 한국사 세특과 연계 - 1~3학년 모두 "문화유산" 키워드 중심 세특 구성 - 지역 문화재(향교·서원·서낭당) 답사 보고서 제출 - "문화재 보존 vs 개발" 주제의 융합탐구 보고서 작성 - 진로 활동으로 "문화해설사 체험", "전통 건축물 포스터 제작" 참여

입학사정관 평가

"세부능력특기사항이 매년 연결되어 있어 전공 관심의 깊이와 지속성을 확인할
수 있었으며, 지역문화재에 대한 자기화된 활동이 인상적이었음."

합격 사례 B

항목	내용
대학	한국전통문화대학교
전형명	학교생활우수자
내신	2.8대
포인트	- 과학 수업 시간에 '유물 부식과 산화환원 반응' 주제로 실험 참여 - '석굴암 구조의 수학적 원리' 탐구 보고서 제출 - 동아리에서 전시기획 실습 활동 참여 - 『아름다움과 숭고함의 감정에 대한 고찰』 독서 후, 감상문을 국어세특과 연계

입학사정관 평가

"보존과학·인문학·예술을 융합한 활동이 돋보였으며, 다양한 분야를 연결하는 통합적 사고력에서 문화재 전공 적합성이 보였음."

불합격 사례 A

항목	내용
대학	중앙대학교
전형명	탐구형인재 전형
내신	2.4대
약점 요인	- 진로 희망은 '문화재보존학과'로 작성했으나, 세특에서 해당 내용 부족 - 1학년 사회과목 세특에서 '경제' 중심 탐구 활동이 주를 이룸 - 2학년 국어·사회 세특은 단편적인 교과활동 중심, '탐구' 기록 부족 - 자율활동, 진로활동에서 문화재 관련 활동 없음

입학사정관 평가

"학생부 내 여러 탐구 활동은 확인되었지만, 문화재 관련 활동의 축이 없어서 학과 적합성이 부족하게 느껴졌음. 방향성이 불분명."

불합격 사례 B

항목	내용
대학	**이화여자대학교**
전형명	미래인재 전형
내신	2.6대
약점 요인	- 독서활동에 『문화인류학 개론』 포함되어 있었지만, 활동과 연결되지 않음 - 과학 세특 내용이 '실험 관찰 위주'로 문화재보존과 연결성 부족 - 동아리 활동은 '진로탐색형'이지만 정리 미흡 - 세특 내용이 나열식으로 구성되어 구조화 부족

입학사정관 평가

"진로 독서의 수준은 높았으나, 이를 구체적인 탐구나 결과물로 연결짓는 과정이 보이지 않음. 활동 간 연계성과 심화 부족."

입학사정관이 말하는 합불 포인트 요약

항목	합격생의 특징	불합격생의 문제점
세특 구성	전공 관련 주제를 3년간 일관되게 유지	1~2학년 때 다른 관심사 중심, 3학년 급변
탐구 활동	교과 내용과 진로를 연결한 결과물 (보고서, 실험 등)	단편적 수행평가, 주제 탐색의 깊이 부족
독서 활동	전공서적을 읽고 탐구 주제로 확장	단순 나열식 독서, 세특과 미연결
진로 활동	박물관 체험, 전시기획, 답사활동 등 실질 경험	진로 관련 활동 거의 없음
연계성	교과-자율-동아리-진로활동 간 연계성 강조	분야별 활동이 흩어져 있고 비일관적

언어문학 계열

4 **언어문학계열**

국어 국문학과

우리말의 깊이, K-컬처의 뿌리를 찾다

국어국문학과는 단순히 시나 소설을 읽고 감상하는 곳이 아닙니다. 우리말의 논리적 구조를 분석하고, 문학을 통해 시대와 인간을 비판적으로 읽어내는 힘을 기르는 곳이죠. K-콘텐츠가 세계로 뻗어나가는 지금, 가장 한국적인 것이 가장 세계적인 것임을 증명할 인재를 기다립니다.

국어국문학과 개요

계열	**인문·언어·문학계열**
학과 특징	우리말과 문학의 본질을 탐구하여 한국어의 구조·역사·표현 체계를 이해하고, 문학을 통해 인간과 사회의 내면을 분석·비판하는 학문. 언어 감각과 비판적 사고력을 바탕으로 창의적 글쓰기 능력을 기르는 데 중점
이런 학생에게 적합	- 문학 작품을 깊이 해석하고 자신의 생각을 글로 표현하는 학생 - 언어의 논리적 구조와 변천에 관심이 많은 학생 - 인간과 사회를 문학적·언어적으로 탐구하려는 학생
인재상 키워드	문학적 감수성 / 언어 분석력 / 표현력 / 비판적 사고 / 창의적 글쓰기
필요 역량	국어 사고력 + 논리적 서술력 + 문학 해석력 + 비판적 독해력 + 문화 이해력

추천 도서

- 『고향』 (이기영)
- 『천변풍경』 (박태원)
- 『백석 시선집』 (백석)
- 『정지용 전집』 (최동호)
- 『구운몽』 (김만중)
- 『삼국유사』 (일연)
- 『셰익스피어 4대 비극』 (셰익스피어)
- 『한국어와 한국어교육』 (박영순 외)
- 『젊은이를 위한 문학 이야기』 (정명환)

과목별 연계 키워드

과목	핵심 키워드
국어	언어의 역사, 문체론, 문학사, 언어 파괴, 표절과 인용, 문체 분석
영어	의미론, 화용론, 번역 담화, 글로벌 문학비교, 의사소통 구조
수학	지프의 법칙, 속담의 논리 구조, 확률적 언어 분석
사회	언어공동체, SNS 언어문화, 가짜뉴스, 표현의 자유
과학	뇌과학과 언어, 감정로봇, 단어 벡터 알고리즘, 포노사피엔스
기타	세종학당, 한국어 세계화, 인공지능 언어모델, 디지털 리터러시

세특 키워드 활용 전략

탐구 주제 예시

✓「디지털 언어 파괴의 원인과 국어 순화 정책」

✓「세종학당을 통한 한국어 세계화의 현재와 미래」

✓「신조어 수용의 사회언어학적 의미」

✓「정지용 시의 언어적 상징성과 감각적 이미지 분석」

융합 탐구 예시

✓ 국어+사회:「혐오표현의 언어적 구조와 사회적 파급력」

✓ 국어+과학:「AI 언어모델을 활용한 문체 분석 실험」

졸업 후 진로

분야	직업 예시
언론·미디어	기자, 방송작가, 편집자, 카피라이터
문학·출판	시인, 소설가, 문학평론가, 출판기획자
교육·연구	국어교사, 국립국어원 연구원, 교수
문화·공공	사서, 문화콘텐츠기획자, 홍보전문가

활동 유형	예시 주제
교과 심화탐구	- '언어 파괴 현상'의 사회적 영향 분석 - '야민정음'과 디지털 언어문화 변화 탐구 - 문학 속 시대의식과 작가의 세계관' 분석
융합형 탐구	- '언어공동체와 SNS의 언어 변화' 연구 - 'AI 언어모델의 문체 분석 실험' 보고서 작성
창의 활동	- '한국어 세계화' 캠페인 포스터 제작 - '신조어 사전 만들기 프로젝트' 수행
진로 연계 활동	- 자율동아리: 문학비평회 운영 및 시 창작 활동 - 고전문학 낭독회, 문예 공모전 참가 - 국어 세특 기반 심화 독서 토론 기획

합격 사례 A

항목	내용
대학	고려대학교
전형명	학업우수형
내신	1.8대
포인트	- 『천변풍경』과 『백석 시선집』 비평문 작성 - 세특: '언어 파괴 현상과 순화 정책' 토론 - 카드뉴스: '시의 상징적 표현 분석' 제작 - 동아리: 고전소설 속 여성상 변화 탐구

입학사정관 평가

"문학 작품을 사회문화적 맥락에서 분석하고, 논리적 글쓰기와 창의적 사고력
이 탁월함."

합격 사례 B

항목	내용
대학	성균관대학교
전형명	계열적합형
내신	2.3대
포인트	- 『한국어와 한국어교육』 독서 후 '언어의 교육적 기능' 보고서 발표 - 국어 세특: '표절의 언어학적 정의' 토론 및 분석 - 동아리: 시 창작 및 문학비평집 발간

입학사정관 평가

"언어학적 사고력과 문학 감수성을 균형 있게 발전시킨 사례로 평가."

불합격 사례 A

항목	내용
대학	경희대학교
전형명	네오르네상스
내신	2.7대
약점 요인	- 문학 중심 활동이나 분석 깊이 부족 - 언어학적 탐구 부재 - 독서와 활동 간 연계성 약함

입학사정관 평가

"문학 감수성은 있으나 탐구의 체계성과 학문적 사고력 부족."

불합격 사례 B

항목	내용
대학	동국대학교
전형명	DoDream
내신	2.9대
약점 요인	- 창작 중심 활동만 존재, 탐구 내용 없음 - 교과·자율 간 연계 미흡 - 독서·활동의 전공 관련성 약함

입학사정관 평가

"감성적 표현은 우수하지만, 전공 적합성과 논리적 탐구력 부족."

입학사정관이 말하는 합불 포인트 요약

항목	합격생의 특징	불합격생의 문제점
세특 구성	언어학·문학 중심의 탐구, 분석과 창작 균형	감성 위주 활동, 분석 부족
탐구 주제	언어 변화·표현 자유·국어 세계화 등 구체적	추상적 주제, 근거 자료 없음
연계성	교과–자율–동아리–독서의 일관된 흐름	활동 단절, 탐구 결과물 부재
결과물	비평문, 보고서, 시집, 카드뉴스 등 산출물 확보	산출물 없음, 수행평가 중심

노어
노문학과

광활한 러시아, 문학으로 시대를 읽다

러시아어는 유엔 공식 언어이자, 우주, 과학, 예술 분야의 핵심 언어입니다. 도스토옙스키와 톨스토이의 나라, 러시아의 언어뿐만 아니라 그들의 깊은 사상과 역사를 탐구합니다.

노어노문학과 개요

계열	언어·문학계열
학과 특징	러시아어의 언어 구조와 문학, 역사, 문화, 사상, 예술을 통합적으로 연구하는 학문으로, 언어 습득을 넘어 러시아의 사상과 사회를 이해하고 인문학적 사고를 기르는 것을 목표
이런 학생에게 적합	- 러시아 문학과 언어, 사회문화에 관심이 많은 학생 - 외국어 학습을 통해 세계를 이해하려는 학생 - 국제정세와 문화교류에 관심이 높은 학생
인재상 키워드	어학능력 / 문화감수성 / 비판적 사고 / 국제이해 / 비교문학적 사고
필요 역량	러시아어 능력 + 문학 분석력 + 문화 해석력 + 논리적 글쓰기 역량

교과 연계 전략

과목별 연계 키워드

과목	핵심 키워드
국어	언어의 표현구조, 수사학, 문체론, 번역의 정확성, 화법
영어	다문화 사회, 세계문학 비교, 담화 분석, 외국어 교육
수학	언어 패턴의 확률·통계, 지프의 법칙, 논리적 언어 구조
사회	러시아 혁명, 사회주의, 지정학, 체첸 분쟁, 인권문제
과학	체르노빌, 북극 기후, 에너지 자원, 우주개발사
기타	러시아 문화사, 발레예술, 슬라브 문명, 고려인 디아스포라

졸업 후 진로

분야	직업 예시
언어·문화	통·번역가, 출판기획자, 러시아 콘텐츠 전문가
교육·연구	대학 교수, 러시아어 교사, 문학연구원
공공·외교	외교관, 대사관 행정직, 국제문화교류 담당자
산업·무역	무역회사 해외사업부, 에너지기업 러시아 담당, 글로벌 마케팅 전문가

주요 개설 대학

수도권 주요 대학	서울대학교 · 고려대학교 · 연세대학교 · 한국외국어대학교 · 경희대학교 · 동국대학교
지방 주요 대학	충남대학교 · 충북대학교 · 경북대학교 · 영남대학교 · 부산외국어대학교 · 전남대학교 · 강원대학교 · 제주대학교

세특 키워드 활용 전략

탐구 주제 예시

✓ 「도스토예프스키의 『죄와 벌』에 나타난 인간 내면의 윤리적 갈등」

✓ 「체호프의 단편에 드러난 러시아 리얼리즘의 특징」

✓ 「러시아 혁명기 문학과 사회의 상호작용」

✓ 「러시아어와 한국어의 문법 구조 비교」

융합 탐구 예시

✓ 국어+러시아문학: 「'안나 카레니나'와 '춘향전'의 여성상 비교」

✓ 사회+문학: 「러시아 혁명 이후의 문학 담론 변화 분석」

활동 유형	예시 주제
교과 심화탐구	- 러시아 리얼리즘 문학의 사회적 의미 - 『죄와 벌』과 『인형의 집』의 인물 갈등 비교 - 체호프의 '벚꽃 동산'에 나타난 시대 변화
융합형 탐구	- 문학과 정치의 상호작용: 러시아 혁명기의 작가 의식 - 북극권 기후 변화와 러시아의 자원 산업
문화탐구형	- 러시아 전통예술(발레, 회화, 문학)의 상징성 - 러시아와 한국의 가족 문화 비교
진로 연계 활동	- 자율동아리: 러시아 문학 세미나 운영 - 러시아어 회화 및 번역 실습 - '러시아 영화 속 역사 읽기' 토론 활동
창의활동 연계	- '러시아 문화의 날' 행사 기획 - 러시아 문학 카드뉴스 제작 - 『전쟁과 평화』 인물 관계도 제작 프로젝트

합격 사례 A

항목	내용
대학	**한국외국어대학교**
전형명	종합(면접형)
내신	2.2대
포인트	- 『안나 카레니나』 독서 후 여성상 변화 발표 - '러시아 혁명과 문학의 상호작용' 탐구 보고서 작성 - 러시아어 회화 및 번역 실습 프로젝트 수행

입학사정관 평가

"언어적 능력과 문화적 이해가 조화를 이루며, 인문학적 탐구력이 뛰어남."

합격 사례 B

항목	내용
대학	경희대학교
전형명	네오르네상스
내신	2.5대
포인트	- 『죄와 벌』 독서 후 윤리적 갈등 주제 에세이 작성 - 사회 세특: '러시아 혁명기의 사회 구조' 탐구 - 자율활동: 러시아 영화 '전쟁과 평화' 토론

입학사정관 평가

"문학적 감수성과 사회적 시각을 융합해 전공 적합성이 뛰어남."

불합격 사례 A

항목	내용
대학	고려대학교
전형명	계열적합형
내신	2.6대
약점 요인	- 언어 관련 탐구보다 감상 중심 - 독서활동과 세특 연계 부족 - 결과물 부재

입학사정관 평가

"문학 감수성은 있으나 분석적 사고와 탐구 체계가 부족함."

불합격 사례 B

항목	내용
대학	동국대학교
전형명	DoDream
내신	2.9대
약점 요인	- 언어·문화 관련 세특 미비 - 창작 중심 활동 위주 - 탐구 결과물 부재

입학사정관 평가

"활동의 양은 풍부하나, 전공 중심의 탐구 구조가 보이지 않음."

 **입학사정관이 말하는 합불 포인트 요약**

항목	합격생의 특징	불합격생의 문제점
세특 구성	러시아 언어·문학·사회 통합형 탐구	감상 중심, 분석 깊이 부족
탐구 주제	문학과 사회, 언어구조 등 구체적 연구	추상적 주제, 근거 부족
연계성	교과–자율–독서–활동 간 일관된 흐름	단절적 활동, 결과물 없음
결과물	보고서·번역문·발표자료 등 산출물 확보	탐구 산출물 부재, 단순 수행평가 중심

추천 도서

- 『죄와 벌』 (도스토예프스키)
- 『안나 카레니나』 (톨스토이)
- 『체호프 단편선』 (체호프)
- 『우리 시대의 영웅』 (레르몬또프)
- 『러시아 문화사 강의』 (니콜라스 르제프스키)
- 『러시아문학의 맛있는 코드』 (석영중)
- 『현대 러시아 읽기』 (남혜현 외)
- 『나의 사랑 우크라이나』 (허승철)

철학의 언어, 사유의 깊이를 더하다

독일은 철학, 음악, 법학의 나라입니다. 독어독문학과는 언어 습득을 넘어 독일의 합리적인 사고방식과 철학적 사유를 배우는 곳입니다. 논리적이고 비판적인 사고력을 갖춘 학생에게 적합합니다.

독어독문학과 개요

계열	언어·문학계열
학과 특징	독일어권의 언어, 문학, 역사, 철학, 예술을 탐구하며 언어적 사고력과 인문학적 통찰을 바탕으로 글로벌 인재를 양성하는 학문으로, 단순한 외국어 습득이 아닌 인간과 사회의 근본 문제를 다루는 학문적 깊이를 강조
이런 학생에게 적합	- 독일 문학과 철학, 예술, 언어에 관심이 많은 학생 - 외국어 학습을 통해 사고력을 확장하고자 하는 학생 - 표현력과 논리력을 동시에 발전시키고자 하는 학생
인재상 키워드	언어감수성 / 철학적 사고 / 문학 해석력 / 국제이해 / 창의적 표현
필요 역량	독일어 능력 + 문학 분석력 + 문화 해석력 + 논리적 사고력 + 비판적 사고

교과 연계 전략

과목별 연계 키워드

과목	핵심 키워드
국어	언어의 구조, 수사학, 문학의 사회성, 문체론
영어	번역학, 상호문화 커뮤니케이션, 글로벌 담화
수학	논리적 추론, 확률적 언어 분석, 패턴 인식
사회	자유주의, 실존주의, 독일 통일, 민주주의, 인권
과학	아인슈타인, 옴의 법칙, 혁신과 과학철학, 생명윤리
기타	괴테, 카프카, 릴케, 헤세, 니체, 독일 예술과 건축

진로·진학 연계

졸업 후 진로

분야	직업 예시
언어·문화	통·번역가, 출판기획자, 콘텐츠 편집자, 언론인
방송·언론	독일어 교사, 교수, 인문학연구원
관광·산업	항공승무원, 호텔리어, 여행사 기획자
국제·공공	외교관, 국제협력전문가, 문화원 직원

주요 개설 대학

인서울 주요 대학	서울대학교 · 고려대학교 · 연세대학교 · 성균관대학교 · 서강대학교 · 중앙대학교 · 이화여자대학교 · 한국외국어대학교 · 한양대학교 · 홍익대학교 · 숙명여자대학교 · 서울여자대학교 · 성신여자대학교 · 덕성여자대학교 · 동덕여자대학교 · 숭실대학교
수도권 (인천/경기)	인천대학교 · 경기대학교 · 한신대학교

세특 키워드 활용 전략

탐구 주제 예시

✓ 「괴테의 『파우스트』에 나타난 인간의 자유와 한계」

✓ 「카프카의 『변신』을 통한 인간소외의 철학적 의미」

✓ 「헤세의 『데미안』에 나타난 자아 정체성의 형성 과정」

✓ 「니체의 사상과 독일문학의 상징적 표현 비교」

융합 탐구 예시

✓ 문학+철학: 「실존주의 문학의 윤리적 관점」

✓ 사회+역사: 「독일 통일 이후 세대 갈등의 문화적 재현」

✓ 과학+문학: 「기술 혁신이 문학 서사에 미친 영향」

활동 유형	예시 주제
교과 심화탐구	- 「괴테의 '파우스트'와 인간 욕망의 본질」 - 「헤세의 '데미안'의 성장 서사 구조 분석」 - 「카프카의 '변신'에 나타난 실존주의」
융합형 탐구	- 「니체의 철학이 문학 사조에 미친 영향」 - 「구텐베르크 인쇄술과 사상의 확산」
사회·문화 탐구	- 「홀로코스트와 독일 문학의 윤리적 시선」 - 「독일 통일 이후 문화적 정체성 형성」
진로 연계 활동	- 자율동아리: '독일문학 세미나' 운영 - 독일 영화 감상 후 비평문 작성 - 독일어 기사 번역 및 발표 활동
창의활동 연계	- 『데미안』 주제 연극 제작 - 독일 문학 포스터 전시회 - 독일 철학자 인용 카드뉴스 제작

합격 사례 A

항목	내용
대학	**연세대학교**
전형명	활동우수형
내신	2.1대
포인트	- 『젊은 베르테르의 슬픔』 독서 후 감정 표현의 문체적 특징 분석 - 국어 세특: '문학의 사회적 역할' 발표 - 자율활동: 『파우스트』 토론 및 현대적 재해석 에세이 작성

입학사정관 평가

"감상에 머무르지 않고 언어적 표현과 사상적 구조를 통합적으로 해석함."

합격 사례 B

항목	내용
대학	이화여자대학교
전형명	미래인재형
내신	2.4대
포인트	- 『데미안』 독서 후 자아 정체성의 사회적 함의 탐구 - 영어·사회 융합탐구: '독일 통일과 인문학적 회복' 보고서 작성 - 독일 영화 '굿바이 레닌' 감상 후 세대 갈등 비교 분석

입학사정관 평가

"문학과 사회문제의 관계를 폭넓게 바라보며, 표현력과 사고력이 균형 잡힘."

불합격 사례 A

항목	내용
대학	고려대학교
전형명	계열적합형
내신	2.7대
약점 요인	- 문학 중심 활동이나 분석 구조 부족 - 교과 세특에서 전공 관련 키워드 부재 - 산출물(보고서·발표) 부재

입학사정관 평가

"감수성은 있으나 논리적 전개와 비판적 사고력이 부족."

불합격 사례 B

항목	내용
대학	중앙대학교
전형명	탐구형인재
내신	2.9대
약점 요인	- 탐구활동이 개별적이며 연계성 부족 - 자율활동 내용이 단순 독서·감상 위주 - 교과 세특에서 전공적용 사례 미흡

입학사정관 평가

"활동 다양성은 충분하나, 전공탐구로 이어지지 않아 학업역량이 약하게 드러남."

입학사정관이 말하는 합불 포인트 요약

항목	합격생의 특징	불합격생의 문제점
세특 구성	문학·철학·역사 융합형 탐구 중심	감상 중심 활동, 분석 구조 미흡
탐구 주제	독일문학의 사상적 배경과 사회적 의미 탐구	단편적 주제, 근거·논리 부족
연계성	교과–자율–독서–동아리 간 일관된 흐름	활동 간 단절, 전공심화 부족
결과물	탐구보고서, 발표자료, 번역문 등 존재	결과물 부재 또는 단순 기록형

추천 도서

- 『향수』 (파트리크 쥐스킨트, 열린책들)
- 『데미안』 (헤르만 헤세, 민음사)
- 『차라투스트라는 이렇게 말했다』 (프리드리히 니체, 민음사)
- 『모모』 (미하엘 엔데, 비룡소)
- 『젊은 베르테르의 슬픔』 (괴테, 민음사)
- 『독일 이야기』 (전영애 외, 거름)
- 『문학과 예술의 사회사』 (아르놀트 하우저, 창비)
- 『침묵의 세계』 (막스 피카르트, 까치)

예술과 혁명, 자유를 말하다

프랑스어는 외교와 예술의 언어입니다. 프랑스 혁명의 자유 정신과 톨레랑스 (관용), 그리고 인문학적 깊이를 탐구합니다. 문화적 감수성이 풍부하고 사회 정의에 관심 있는 학생에게 어울립니다.

불어불문학과 개요

계열	언어·문학계열
학과 특징	프랑스어의 언어 체계, 문학, 철학, 예술, 역사, 사회 등을 통합적으로 연구하는 학문으로, 언어적 감수성과 문화적 사고력을 바탕으로 세계 인문학의 중심축을 이해하고 표현하는 역량을 기르는 데 중점
이런 학생에게 적합	- 프랑스 문학, 예술, 철학, 문화에 관심이 많은 학생 - 언어를 통해 사고의 폭을 넓히고자 하는 학생 - 표현력과 비판적 사고력을 함께 발전시키고자 하는 학생
인재상 키워드	언어 감수성 / 문화 해석력 / 문학적 사고 / 표현력 / 국제이해
필요 역량	프랑스어 구사 능력 + 문학 분석력 + 문화비평력 + 논리적 글쓰기 능력

교과 연계 전략

과목별 연계 키워드

과목	핵심 키워드
국어	문학의 사회성, 화법과 작문, 언어의 다양성, 수사학
영어	언어 비교, 번역학, 세계문학, 담화 구조 분석
수학	오일러의 논리, 언어 패턴의 수학적 구조, 비에트의 정리
사회	프랑스 인권선언, 계몽사상, 문화다양성, 사회정의
과학	라부아지에의 과학정신, 파스퇴르의 연구윤리, 과학과 인문학
기타	인상주의 미술, 프랑스 철학(사르트르, 루소), 프랑코포니, 영화와 예술

졸업 후 진로

분야	직업 예시
언어·문화	통·번역가, 프랑스어 교사, 출판기획자, 작가
외교·국제	외교관, 해외주재원, 언론인, 문화원 직원
관광·무역	관광통역사, 항공사 승무원, 무역담당자
교육·연구	인문학 교수, 프랑스학 연구자, 문화정책 연구원

주요 개설 대학

인서울 주요 대학	가톨릭대학교 · 경희대학교 · 고려대학교 · 덕성여자대학교 · 동덕여자대학교 · 서울대학교 · 서울여자대학교 · 성균관대학교 · 성신여자대학교 · 숙명여자대학교 · 숭실대학교 · 연세대학교 · 이화여자대학교 · 중앙대학교 · 한국외국어대학교 · 홍익대학교
수도권 (인천/경기)	경기대학교 · 수원대학교 · 아주대학교 · 한양대학교(ERICA)

세특 키워드 활용 전략

탐구 주제 예시

- ✓ 「알베르 카뮈의 『이방인』에 나타난 실존주의적 인간상」
- ✓ 「장 자크 루소의 『에밀』을 통한 인간교육의 철학적 의미」
- ✓ 「빅토르 위고의 『레미제라블』 속 사회 정의와 휴머니즘」
- ✓ 「프랑스 계몽사상이 현대 인권개념에 미친 영향」

융합 탐구 예시

- ✓ 국어+불문학: 「『노트르담 드 파리』와 『홍길동전』의 영웅상 비교」
- ✓ 사회+문학: 「프랑스 혁명과 문학적 자유의식」
- ✓ 과학+철학: 「계몽주의 시대의 과학정신과 문학의 만남」

활동 유형	예시 주제
교과 심화탐구	- 『이방인』에 나타난 인간소외의 철학적 의미 - 『레미제라블』의 사회 정의와 인권사상 - 프랑스 계몽주의 문학의 사상적 배경 분석
융합형 탐구	- '프랑스 혁명'과 문학적 자유의식 비교 - 인상주의 미술과 문학의 교류
문화탐구형	- 프랑스 와인과 미식문화의 역사 - 프랑스 영화산업과 예술 정책
진로 연계 활동	- 자율동아리: 프랑스 문학 비평 세미나 운영 - 불어 회화 프로젝트 및 번역 실습 - 프랑스 문화주간 행사 기획 및 발표
창의활동 연계	- '프랑스 문화의 날' 기획 - 프랑스 철학자 인물 포스터 제작 - '프랑스 문학 속 여성상' 카드뉴스 제작

합격 사례 A

항목	내용
대학	서강대학교
전형명	일반전형
내신	2.2대
포인트	- 『이방인』 독서 후 '실존적 인간상' 보고서 작성 - 사회 세특: '프랑스 혁명과 인권사상' 발표 - 자율활동: 『노트르담 드 파리』 감상 후 카드뉴스 제작

"문학을 철학적 시각으로 해석하며, 언어적 표현력과 사상적 사고력이 균형 있게 드러남."

합격 사례 B

항목	내용
대학	숙명여자대학교
전형명	숙명인재I(서류형)
내신	2.5대
포인트	- 『레미제라블』 읽고 사회정의 개념 탐구 - 프랑스 인권선언문과 계몽주의 비교 분석 - 불문학 동아리 주제: "문학 속 자유와 평등" 토론

입학사정관 평가

"문학적 감수성과 사회적 통찰이 결합된 탐구활동으로 전공적합성이 매우 높음."

불합격 사례 A

항목	내용
대학	한양대학교
전형명	학생부종합 일반형
내신	2.8대
약점 요인	- 감상 중심의 활동, 분석력 부족 - 세특 내 전공 키워드(계몽사상, 인권, 언어학 등) 부재 - 산출물(보고서, 발표자료) 미흡

입학사정관 평가

"문학 감수성은 풍부하지만 탐구의 논리 구조와 학문적 체계성이 부족함."

불합격 사례 B

항목	내용
대학	경희대학교
전형명	네오르네상스
내신	3.0대
약점 요인	- 활동은 다양하나 주제가 산발적 - 자율·독서 활동 간 연계성 약함 - 세특에서 전공 탐구 방향 불명확

입학사정관 평가

"활동 기록은 풍부하나, 전공의 학문적 깊이나 일관성이 부족함."

입학사정관이 말하는 합불 포인트 요약

항목	합격생의 특징	불합격생의 문제점
세특 구성	문학·철학·문화의 융합형 탐구 중심	감상 중심 활동, 분석 구조 미흡
탐구 주제	프랑스 문학과 사회사상 연계	단편적 주제, 근거 부족
연계성	교과–자율–독서–창의활동의 흐름 일관	활동 단절, 결과물 미흡
결과물	보고서·영상·카드뉴스 등 산출물 존재	단순 수행평가 중심 기록

추천 도서

- 『이방인』 (알베르 카뮈, 민음사)
- 『어린왕자』 (생텍쥐페리, 더스토리)
- 『레미제라블』 (빅토르 위고, 민음사)
- 『노트르담 드 파리』 (빅토르 위고, 동서문화사)
- 『에밀』 (장 자크 루소, 돋을새김)
- 『법의 정신』 (몽테스키외, 문예출판사)
- 『잃어버린 시간을 찾아서』 (마르셀 프루스트, 열화당)
- 『고도를 기다리며』 (사뮈엘 베케트, 민음사)

태양의 언어, 5억 인구와 소통하는 열정의 학문

스페인어는 전 세계 20여 개국이 사용하는 세계 2대 공용어입니다. 스페인어 학과는 단순히 언어를 배우는 것을 넘어, 정열적인 스페인 문화와 무궁무진한 기회가 잠재된 라틴아메리카의 역사, 예술, 사회를 탐구하는 곳입니다.

스페인어학과 개요

계열	언어·문학계열
학과 특징	스페인의 언어를 과학적·체계적으로 학습하며, 문학·문화·예술·역사 전반을 이해하는 학문. 유럽과 라틴아메리카의 언어·문화적 교류 속에서 인문학적 통찰과 국제적 감각을 기르는 것을 목표
이런 학생에게 적합	- 스페인 및 라틴아메리카 문화에 관심이 많은 학생 - 외국어 학습에 흥미를 느끼고 다양한 문화에 개방적인 학생 - 언어, 예술, 사회를 융합적으로 탐구하고자 하는 학생
인재상 키워드	언어 감수성 / 문화 이해력 / 표현력 / 세계시민의식 / 융합사고
필요 역량	스페인어 구사력 + 문학 분석력 + 문화 해석력 + 논리적 글쓰기 + 글로벌 소통능력

교과 연계 전략

과목별 연계 키워드

과목	핵심 키워드
국어	화법, 작문, 문체, 언어의 다양성, 문학적 표현
영어	언어 비교, 세계문화, 번역, 의사소통 전략
사회	식민주의, 라틴아메리카 문화, 다문화 사회, 국제경제
수학	지프의 법칙, 확률적 언어 패턴, 언어 구조의 논리성
과학	플라스틱 정책, 생태문학, 환경의식과 문화
기타	스페인 건축(가우디), 대항해시대, 레콩키스타, 이사벨 여왕

졸업 후 진로

분야	직업 예시
언어·문화	통·번역가, 언론인, 출판기획자, 작가
외교·국제	외교관, 무역전문가, 문화원 직원, 국제기구 근무자
관광·산업	여행안내원, 호텔지배인, 항공사 근무, 해외영업직
교육·연구	대학교수, 스페인어 교사, 언어·문화 연구원

주요 개설 대학

인서울 주요 대학	경희대학교 · 고려대학교 · 덕성여자대학교 · 서울대학교 · 한국외국어대학교
기타 주요 대학	부산외국어대학교 · 전남대학교 · 충남대학교

세특 키워드 활용 전략

탐구 주제 예시

- ✓「세르반테스의 『돈키호테』에 나타난 풍자와 인간 본성」
- ✓「라틴아메리카 문학의 사회비판적 성격 비교」
- ✓「가우디 건축에 담긴 스페인 예술정신」
- ✓「스페인어와 영어의 문법 구조 비교 연구」
- ✓「스페인 카니발 문화의 기원과 현대적 의미」

융합 탐구 예시

- ✓ 국어+스페인문학:「『돈키호테』와 『흥부전』의 풍자 구조 비교」
- ✓ 사회+문학:「라틴아메리카의 정치·사회 변화가 문학에 미친 영향」
- ✓ 예술+문화:「가우디 건축과 스페인 문학의 공통된 미학적 표현」

활동 유형	예시 주제
교과 심화탐구	- 『돈키호테』의 인물상을 통한 인간의 본성 탐구 - 『백년의 고독』에 나타난 환상과 현실의 경계 - 『라틴아메리카 문학』을 통한 사회 불평등 구조 분석
융합형 탐구	- 「가우디의 건축과 스페인 문학의 상징성」 - 「라틴 문화권의 종교관과 사회 변화」
문화탐구형	- 스페인 카니발 문화의 기원과 변화 - 스페인의 미식문화와 지역성 비교
진로 연계 활동	- 자율동아리: 스페인 문학·영화 토론 세미나 운영 - 스페인어 회화 스터디 및 번역 실습 - 『백년의 고독』 주제 발표회 진행
창의활동 연계	- '스페인 문화주간' 행사 기획 - '라틴아메리카 문학의 사회적 메시지' 카드뉴스 제작 - 『돈키호테』 명장면 낭독극 제작

합격 사례 A

항목	내용
대학	고려대학교
전형명	학업우수형
내신	2.2대
포인트	- 『돈키호테』 독서 후 풍자와 현실비판 구조 분석 - 국어 세특: '언어를 통한 인간 이해' 보고서 작성 - 자율활동: '스페인 문화의 날' 행사 기획 및 사회

입학사정관 평가

"문학을 사회적 맥락 속에서 분석하고, 언어와 문화 간의 관계를 통찰력 있게 탐구함."

합격 사례 B

항목	내용
대학	한국외국어대학교
전형명	글로벌인재형
내신	2.5대
포인트	- 『백년의 고독』과 『영혼의 집』 비교 분석 발표 - 사회 세특: '라틴아메리카의 식민지 경험과 문화적 혼종성' 발표 - 동아리: 스페인어 기사 번역 및 토론 수행

"스페인어와 문화의 융합적 이해를 보여주며, 국제문화 감각과 학문적 깊이가 균형 있게 드러남."

불합격 사례 A

항목	내용
대학	고려대학교
전형명	계열적합형
내신	2.8대
약점 요인	- 문학 감상 중심 활동으로 분석 부족 - 세특 간 주제 일관성 부족 - 결과물(보고서·발표자료) 부재

"감상력은 좋지만, 전공적 탐구의 논리성과 체계성이 부족함."

불합격 사례 B

항목	내용
대학	경희대학교
전형명	네오르네상스
내신	3.0대
약점 요인	- 자율·독서·세특 간 연계 부족 - 스페인 문화 관련 탐구활동 부재 - 산출물 미비

입학사정관 평가

"활동의 다양성은 있으나, 전공 중심 탐구로 발전하지 못함."

입학사정관이 말하는 합불 포인트 요약

항목	합격생의 특징	불합격생의 문제점
세특 구성	언어·문학·문화의 통합적 탐구	감상 중심, 분석 깊이 부족
탐구 주제	문학·사회·역사적 연계성 강조	주제 산만, 근거·논리 미흡
연계성	교과-자율-독서-창의활동 일관성 유지	단절적 활동, 결과물 부재
결과물	보고서, 카드뉴스, 발표자료 등 존재	탐구 산출물 없음, 수행 중심

추천 도서

- 『돈키호테』 (미겔 데 세르반테스, 푸른숲)
- 『백년의 고독』 (가브리엘 가르시아 마르케스, 민음사)
- 『라틴아메리카의 역사』 (카를로스 푸엔테스, 까치)
- 『스페인 문화의 이해』 (안영옥, 고려대학교출판부)
- 『스페인 문화 순례』 (김창민, 서울대학교출판문화원)
- 『라 셀레스티나』 (페르난도 데 로하스, 을유문화사)
- 『픽션들』 (호르헤 루이스 보르헤스, 민음사)
- 『왜 스페인은 끌리는가』 (안영옥, 리수)
- 『영혼의 집』 (이사벨 아옌데, 민음사)

**영어
영문학과**

세계를 잇는 언어, 글로벌 스탠다드를 배우다

영어영문학과는 단순히 영어를 유창하게 하는 법을 배우는 곳이 아닙니다. 영미 문학을 통해 인간과 사회를 이해하고, 언어학적 원리를 통해 사고의 구조를 파악하는 학문입니다.

영어영문학과 개요

계열	언어·문학계열
학과 특징	영어의 언어 구조, 역사, 문학적 표현 및 문화적 맥락을 통합적으로 탐구하는 학문으로, 영어를 통한 사고력·표현력·비판적 이해를 기반으로 한 글로벌 인재 양성을 목표
이런 학생에게 적합	- 영어 및 문학적 표현에 대한 흥미가 높고, 외국문학에 대한 감수성이 뛰어난 학생 - 언어의 리적 구조를 탐구하며 창의적으로 활용하고자 하는 학생 - 글로벌 사회에서 영어를 통해 문화·사상을 연결하려는 학생
인재상 키워드	언어 감수성 / 비판적 사고 / 표현력 / 국제소통 / 문학 해석력
필요 역량	영어 독해력 + 문학 해석력 + 문화 이해력 + 논리적 글쓰기 + 창의적 사고력

교과 연계 전략

과목별 연계 키워드

과목	핵심 키워드
국어	새말모임, 협력의 원리, 소설의 시점, 배트나, 비교문학
영어	관용구와 숙어, 셰익스피어, 영어권문화, 비유적 언어, 세계문학
수학	지프의 법칙, 몬티홀의 딜레마, 언어 패턴의 확률
사회	헬레니즘, 조지 오웰, 여성 인권, 다문화, 사회담론
과학	스마트물질, 노벨상, 기술문명과 언어 변화, 인공지능
기타	번역, 슈퍼히어로 서사, 글로벌 커뮤니케이션, 디지털 리터러시

졸업 후 진로

분야	직업 예시
언어·문화	기자, 방송작가, 출판기획자, 영화·문화평론가
언어·번역	번역가, 통역가, 콘텐츠 크리에이터
교육·연구	영어 교사, 언어학 연구원, 대학교수
국제·외교	외교관, 해외통신원, 국제회의기획자, 문화유산해설사

주요 개설 대학

인서울 주요 대학	가톨릭대학교 · 건국대학교 · 경기대학교 · 경희대학교 · 고려대학교 · 광운대학교 · 국민대학교 · 덕성여자대학교 · 동국대학교 · 동덕여자대학교 · 명지대학교 · 서강대학교 · 서울대학교 · 서울시립대학교 · 서울여자대학교 · 성균관대학교 · 성신여자대학교 · 세종대학교 · 숙명여자대학교 · 숭실대학교 · 연세대학교 · 이화여자대학교 · 중앙대학교 · 한국외국어대학교 · 한양대학교 · 홍익대학교
수도권 (인천/경기)	가천대학교 · 강남대학교 · 경기대학교 · 단국대학교 · 아주대학교 · 한경대학교 · 한신대학교

세특 키워드 활용 전략

탐구 주제 예시

- ✓「셰익스피어 4대 비극 속 인간 내면의 보편성」
- ✓「『앵무새 죽이기』를 통한 인종차별과 정의의 문학적 해석」
- ✓「'오만과 편견' 속 젠더 담론 분석」
- ✓「영미문학 작품에 나타난 사회적 계층의 언어적 표현 방식」
- ✓「영어권 문화 속 유머와 풍자의 담론적 구조」

융합 탐구 예시

- ✓ 국어+영어:「영미문학의 서사 구조와 한국고전의 비교」
- ✓ 영어+사회:「영어권 미디어에 나타난 젠더 이미지 분석」
- ✓ 영어+과학:「AI 번역의 언어 정확성과 인간 번역가의 창의성 비교」

활동 유형	예시 주제
교과 심화탐구	- 『오만과 편견』 속 젠더 담론의 변천 - 『앵무새 죽이기』의 인권 서사 분석 - 『셰익스피어 비극』에 나타난 인간의 욕망과 도덕의 갈등
융합형 탐구	- "AI 번역과 인간 번역의 차이" 실험 보고서 - "미디어 영어의 어휘 변화" 시각자료 제작
문화 탐구	- 영국과 미국의 문화 비교 발표 - 글로벌 언어로서의 영어의 영향력 분석
진로 연계 활동	- 영어신문 기사 번역 프로젝트 - 교내 영어토론대회 사회 및 발표 - '영문학 속 인권' 캠페인 영상 제작
창의활동 연계	- 『오만과 편견』 낭독극 공연 - 영어권 문학 포스터 전시 - 영문 에세이 경연 참가 및 편집 활동

합격 사례 A

항목	내용
대학	서강대학교
전형명	일반전형
내신	2.1대
포인트	- 『오만과 편견』 독서 후 여성 인권 시각으로 분석 - 영어 세특: '언어 표현의 사회적 힘' 발표 - 자율활동: 영미문학 낭독회 기획 및 해설 참여

입학사정관 평가

"문학작품을 사회문화적 맥락으로 분석하며, 언어를 매개로 한 사고력과 표현력이 돋보임."

합격 사례 B

항목	내용
대학	중앙대학교
전형명	탐구형인재
내신	2.4대
포인트	- 『앵무새 죽이기』와 『To Kill a Mockingbird』 비교 분석 - 사회 세특: '언어와 인권의 관계' 탐구 보고서 작성 - 자율활동: 영어권 미디어 기사 번역 프로젝트 운영

입학사정관 평가

"탐구 주제가 명확하고, 교과-독서-자율활동 간의 연결성이 뛰어남."

불합격 사례 A

항목	내용
대학	고려대학교
전형명	계열적합형
내신	2.8대
약점 요인	- 작품 감상 위주로 비판적 해석 부족 - 전공 관련 세특 키워드 부재 - 결과물(보고서·토론 발표) 없음

입학사정관 평가

"언어 감수성은 있으나, 분석적·비판적 탐구 역량이 부족함."

HELPER 합격 학생부

불합격 사례 B

항목	내용
대학	이화여자대학교
전형명	미래인재형
내신	3.0대
약점 요인	- 자율활동과 세특의 연계 미흡 - 전공탐구 대신 단순 독서 중심 기록 - 탐구보고서나 실습 결과물 부재

입학사정관 평가

"활동은 풍부하나, 전공 중심의 일관된 학업 탐구가 보이지 않음."

입학사정관이 말하는 합불 포인트 요약

항목	합격생의 특징	불합격생의 문제점
세특 구성	문학·언어·사회 주제를 연계한 탐구형 기록	감상 중심 활동, 분석력 부족
탐구 주제	영미문학·사회·인권 등 시대적 주제 결합	단편적 주제, 논리 근거 부족
연계성	교과–자율–독서–활동 간의 흐름 일관	활동 단절, 산출물 부재
결과물	번역문·보고서·포스터 등 산출물 확보	단순 서술형, 탐구심 미약

추천 도서

- 『셰익스피어 4대 비극』 (윌리엄 셰익스피어, 민음사)
- 『오만과 편견』 (제인 오스틴, 민음사)
- 『앵무새 죽이기』 (하퍼 리, 열린책들)
- 『제인 에어』 (샬럿 브론테, 브라운힐)
- 『오이디푸스 왕』 (소포클레스, 민음사)
- 『꿈의 꿈』 (안토니오 타부키, 문학동네)
- 『언어 이론과 그 응용』 (김진우, 한국문화사)
- 『코스모스』 (칼 세이건, 사이언스북스)
- 『영미문학의 길잡이』 (영미문학연구회, 창작과 비평사)

가깝고도 먼 이웃, 문화와 문학으로 깊이 이해하기

일어일문학과는 일본어라는 정교한 도구를 통해 고전 문학의 깊이부터 현대 서브컬처의 감각까지 탐구하며, 그 속에 숨겨진 일본인의 정서와 가치관을 읽어내는 학문입니다. 텍스트를 통해 타자를 깊이 있게 이해하고, 우리 문학과의 비교를 통해 인문학적 성찰을 확장하는 인재를 양성합니다.

일어일문학과 개요

계열	**언어·문학계열**
학과 특징	일본어의 구조·음운·문법을 과학적으로 학습하고, 일본의 문학·역사·문화 전반에 대한 심층적 이해를 통해 일본어권 전문가를 양성하는 학문. 언어교육뿐 아니라 동아시아 문화의 교류사적 이해를 중시
이런 학생에게 적합	- 일본어를 능숙하게 구사하고 싶고, 일본 사회와 문화에 관심이 많은 학생 - 동아시아 문화의 상호이해에 기여하고 싶은 학생 - 언어학, 문학, 문화의 관계를 분석적으로 탐구하고자 하는 학생
인재상 키워드	언어 감수성 / 문화 해석력 / 비교문학적 사고 / 국제소통 / 분석력
필요 역량	일본어 구사능력 + 문학 해석력 + 언어 분석력 + 문화적 비판력

교과 연계 전략

과목별 연계 키워드

과목	핵심 키워드
국어	조선어학회, 표음문자, 띄어쓰기, 언어사, 문체론
영어	관용구, 번역, 서브컬처, 언어유희, 매체 언어
사회	일본의 근대화, 아베노믹스, 실버산업, 프리터족
과학	환태평양 조산대, 지진, 중간자 이론, 자연재해
기타	지브리, 라쇼몽, 일본 천황제, 골드플랜21

졸업 후 진로

분야	직업 예시
언어·문화	통·번역가, 출판기획자, 작가, 일본어 교사
교육·연구	교수, 일본문화연구원, 언어학자
관광·산업	여행안내원, 무역담당자, 항공사 직원, 현지 코디네이터
국제·공공	외교관, 문화원 직원, 국제교류 코디네이터

주요 개설 대학

인서울 주요 대학	가톨릭대학교 · 경희대학교 · 고려대학교 · 덕성여자대학교 · 동국대학교 · 동덕여자대학교 · 명지대학교 · 삼육대학교 · 서강대학교 · 서울대학교 · 서울여자대학교 · 성신여자대학교 · 세종대학교 · 숭실대학교 · 중앙대학교 · 한국외국어대학교
수도권 (인천/경기)	경기대학교 · 성결대학교 · 수원대학교 · 한양대학교(ERICA)

세특 키워드 활용 전략

탐구 주제 예시

✓ 「가와바타 야스나리 『설국』에 나타난 자연의 상징과 인간 내면」

✓ 「무라카미 하루키의 『상실의 시대』 속 청년 세대의 자아 탐색」

✓ 「메이지 유신 이후 일본어 표기법의 변화와 사회적 의미」

✓ 「한·일 문학 속 '고독'의 표현 방식 비교 연구」

융합 탐구 예시

✓ 국어+일문학: 「'겐지 이야기'와 '춘향전'의 여성상 비교」

✓ 사회+문학: 「태평양전쟁 이후 일본 문학의 평화 담론 분석」

✓ 문화+언어: 「지브리 영화에 나타난 언어적 상징과 문화 정체성」

활동 유형	예시 주제
교과 심화탐구	- 『설국』에 나타난 일본의 자연관 분석 - 『상실의 시대』를 통한 현대 청년의 가치관 탐구 - 한·일 문학 속 고독의 서사 비교
융합형 탐구	- 지진과 문학: 자연재해가 일본문학에 미친 영향」 - 「일본 근대화와 여성문학의 등장」
문화탐구형	- 「지브리 애니메이션의 언어적 상징 분석」 - 「일본의 전통예술과 현대서브컬처 비교」
진로 연계 활동	- 자율동아리: 일본문학 세미나 운영 및 낭독회 개최 - 일본어 회화 및 번역 실습 - '일본영화 감상 후 문화 토론' 활동
창의활동 연계	- 일본 전통문화 페스티벌 기획 - 『겐지 이야기』 인물 관계도 포스터 제작 - '일본 사회 속 고령화 문제' 카드뉴스 발표

합격 사례 A

항목	내용
대학	연세대학교
전형명	활동우수형
내신	2.2대
포인트	- 『설국』 독서 후 일본의 자연관과 인간의 관계 분석 - 자율활동: 일본 근대문학 낭독회 주도 - 사회 세특: '일본의 고령화 문제와 문화 대응' 발표

입학사정관 평가

"문학을 사회·문화적 관점에서 해석하며, 언어적 감수성과 통찰력이 조화됨."

합격 사례 B

항목	내용
대학	중앙대학교
전형명	탐구형인재
내신	2.5대
포인트	- 『상실의 시대』 독서 후 세대 간 가치관 변화 탐구 - 일본 사회의 프리터족 문제 분석 보고서 제출 - 일본영화 '라쇼몽' 비평문 작성 및 발표

입학사정관 평가

"일본문학과 사회문제를 융합적으로 탐구하며, 사고력과 표현력이 우수함."

불합격 사례 A

항목	내용
대학	**성균관대학교**
전형명	계열적합형
내신	2.8대
약점 요인	- 감상 중심의 독서 기록 - 교과 간 연계 부족 - 산출물(보고서·발표자료) 미흡

입학사정관 평가

"문학적 감수성은 있으나 분석력과 전공 일관성이 부족함."

항목	내용
대학	경희대학교
전형명	네오르네상스
내신	3.0대
약점 요인	- 일본 문화 관련 탐구활동 부족 - 자율활동의 주제 일관성 부재 - 전공적합 키워드(언어·문화·문학) 미흡

입학사정관 평가

"활동은 풍부하나 전공탐구로 이어지는 구조가 약함."

 **입학사정관이 말하는 합불 포인트 요약**

항목	합격생의 특징	불합격생의 문제점
세특 구성	문학·언어·사회 이슈를 융합한 탐구형	감상 중심, 분석 깊이 부족
탐구 주제	일본문학과 사회·언어 변화를 통합적 탐구	추상적 주제, 논리 근거 부족
연계성	교과–자율–독서 간의 일관된 흐름	단절적 활동, 결과물 미비
결과물	보고서·카드뉴스·발표자료 존재	수행 중심, 탐구 성과 부재

추천 도서

- 『설국』 (가와바타 야스나리, 민음사)
- 『상실의 시대』 (무라카미 하루키, 문학사상사)
- 『겐지 이야기』 (무라사키 시키부, 한길사)
- 『우리가 모르는 일본인』 (최관, 고려대학교출판부)
- 『번역과 일본문학』 (김춘미, 도서출판 문)
- 『조선 선비의 일본견문록』 (신유한, 이마고)
- 『일본은 지금 무엇을 생각하는가?』 (문정인 외, 삼성경제연구소)
- 『나의 일본사람 탐험기』 (박종현, 시공사)

중어
중문학과

아시아의 거인, 고전과 현대를 잇다

중국은 우리의 오랜 이웃이자 G2 강대국입니다. 한자와 중국어라는 도구를 통해 중국의 유구한 역사와 급변하는 현대 사회를 동시에 통찰하는 인재를 기릅니다.

중어중문학과 개요

계열	언어·문학계열
학과 특징	중국어의 언어체계·문법·음운을 학습하고, 중국의 문학과 사상·역사·문화를 심층적으로 이해하는 학문으로, 중국 사회의 변화와 언어문화의 상관관계를 탐구
이런 학생에게 적합	- 중국 언어와 문화, 역사에 관심이 많고 통찰력이 있는 학생 - 어학과 문학의 상호작용을 분석적으로 탐구하고자 하는 학생 - 글로벌 소통 역량을 바탕으로 국제 관계와 문화 교류에 기여하고자 하는 학생
인재상 키워드	언어 감수성 / 문화 이해력 / 분석적 사고 / 국제이해 / 소통능력
필요 역량	중국어 구사력 + 문학 해석력 + 문화비평력 + 논리적 사고력 + 어휘 운용 능력

교과 연계 전략

과목별 연계 키워드

과목	핵심 키워드
국어	한시, 시경, 표의문자, 문학과 언어의 상호작용
영어	글로벌 커뮤니케이션, 언어 구조 비교, 번역, 문화 차이
수학	주비산경, 주판, 역법, 구장산술
사회	동북공정, 공산주의, 중화사상, 율령격식, 성리학
과학	사스, 대륙성 기후, 광물자원, 생태문명
기타	소수민족, 성조, 링링허우, 전족, 863계획, 한한령

졸업 후 진로

분야	직업 예시
언어·문화	통·번역가, 작가, 출판기획자, 아나운서
교육·연구	중·고등학교 중국어 교사, 대학교수, 연구원
무역·경제	무역전문가, 해외영업직, 시장조사분석가
외교·공공	외교관, 문화원 직원, 국제교류 코디네이터

주요 개설 대학

인서울 주요 대학	가톨릭대학교 · 건국대학교 · 경희대학교 · 고려대학교 · 국민대학교 · 덕성여자대학교 · 동국대학교 · 동덕여자대학교 · 명지대학교 · 삼육대학교 · 서울대학교 · 서울시립대학교 · 서울여자대학교 · 성균관대학교 · 성신여자대학교 · 숙명여자대학교 · 숭실대학교 · 연세대학교 · 이화여자대학교 · 중앙대학교 · 한국외국어대학교
수도권 (인천/경기)	경기대학교 · 단국대학교 · 수원대학교 · 안양대학교 · 한세대학교 · 한신대학교

세특 키워드 활용 전략

탐구 주제 예시

✓ 「한시와 시경에 나타난 자연관 비교」

✓ 「『서유기』를 통한 인간 욕망의 풍자적 표현 분석」

✓ 「중국 고전 문학 속 여성상 변화와 시대적 맥락」

✓ 「중국 표의문자 발달과 사회문화적 의미」

✓ 「'동북공정'의 역사적 논쟁과 중국의 문화정책 비교」

융합 탐구 예시

✓ 국어+중문학: 「한자어의 어원적 변천과 국어 속 수용 과정」

✓ 사회+문학: 「문화대혁명 시기 문학과 검열의 관계」

✓ 과학+언어: 「중국 전통과학(천문·역법)과 사상체계의 연관성」

활동 유형	예시 주제
교과 심화탐구	- 『삼국지』에 나타난 리더십과 전쟁 윤리 - 『서유기』 속 인물의 상징성과 인간 욕망 - 중국 한시와 한국 시의 자연 표현 비교
융합형 탐구	- 「유교사상과 중국 고전문학의 도덕관계」 - 「중국 근현대 사회 변화가 문학에 미친 영향」
문화탐구형	- 「중국의 춘절 문화와 한국 설날의 비교」 - 「중국의 SNS 언어문화 연구(위챗, 웨이보)」
진로 연계 활동	- 자율동아리: 중국문학 세미나 운영 - '한자어의 의미 변화' 탐구 발표 - 중국 영화 『패왕별희』 감상 및 문화비평문 작성
창의활동 연계	- '중국 문화의 날' 기획 및 발표 - 한·중 문화교류 포스터 제작 - 『논어』를 바탕으로 한 인문 독서 토론회 개최

합격 사례 A

항목	내용
대학	고려대학교
전형명	학업우수형
내신	2.2대
포인트	- 『논어』 독서 후 '공자의 덕치사상과 현대사회 적용' 발표 - 국어 세특: '한시 속 자연관 비교' 보고서 작성 - 자율활동: '중국 문화 비교 세미나' 발표 참여

입학사정관 평가

"인문학적 사고력과 언어 분석 능력을 겸비하였으며, 학문적 탐구 태도가 체계
적임."

합격 사례 B

항목	내용
대학	한국외국어대학교
전형명	면접형
내신	2.4대
포인트	- 『사기열전』 독서 후 '역사서술의 서사 구조' 분석 - 사회 세특: '중국 근현대사의 문화 변화' 발표 - 자율활동: 중국어 발표회 및 번역 실습 진행

입학사정관 평가

"문학·역사·언어의 연계적 탐구가 돋보이며, 주제 구성과 표현의 완성도가 높음."

불합격 사례 A

항목	내용
대학	성균관대학교
전형명	계열적합형
내신	2.8대
약점 요인	- 감상 중심 탐구, 분석력 부족 - 전공 키워드 미흡(중국문화, 문학, 언어 등) - 산출물 부재

입학사정관 평가

"감수성은 높으나 학문적 체계성과 자료 해석력이 부족함."

불합격 사례 B

항목	내용
대학	경희대학교
전형명	네오르네상스
내신	3.0대
약점 요인	- 활동의 연계성 부족 - 단순 독서 중심 기록 - 탐구 산출물 부재

입학사정관 평가

활동량은 충분하나 전공탐구의 방향성과 분석심이 약함."

입학사정관이 말하는 합불 포인트 요약

항목	합격생의 특징	불합격생의 문제점
세특 구성	문학·역사·언어의 융합적 탐구 중심	감상 중심, 논리적 분석 부족
탐구 주제	전공 키워드(문학·언어·문화) 기반 심화	주제의 일관성·체계성 부족
연계성	교과–자율–독서 간 통합적 구성	활동 간 단절, 결과물 부재
결과물	보고서·발표·번역문 등 산출물 존재	수행 중심, 탐구의 구체성 부족

추천 도서

- 『삼국지』 (나관중, 창비)
- 『논어: 인생을 위한 고전』 (공자, 휴머니스트)
- 『서유기』 (오승은, 문학과지성사)
- 『사기열전』 (사마천, 민음사)
- 『한비야의 중국견문록』 (한비야, 푸른숲)
- 『처음 읽는 중국사』 (전국역사교사모임, 휴머니스트)
- 『중국문학의 즐거움』 (고려대 중국학연구소, 차이나하우스)
- 『허삼관매혈기』 (위화, 푸른숲)
- 『중국의 내일을 묻다』 (문정인, 삼성경제연구소)
- 『한국인을 위한 중국사』 (신성곤 외, 서해문집)

언어의 장벽을 넘는 소통의 전문가

통번역은 단순히 말을 옮기는 기술이 아닙니다. 서로 다른 문화와 사고방식을 이해하고, 가장 적절한 표현으로 다리를 놓아주는 고도의 지적 작업입니다.

통번역학과 개요

계열	언어·문학계열
학과 특징	세계 각 지역의 언어를 깊이 있게 이해하고, 문화적 차이를 분석·해석하며, 통역과 번역을 통해 다양한 언어권 간의 소통을 가능하게 하는 학문. 언어 실무력과 문화 분석력을 함께 중시하는 학과
이런 학생에게 적합	- 언어와 문화를 연결해 글로벌 커뮤니케이션 능력을 키우고 싶은 학생 - 언어 습득에 재능이 있으며 표현력·논리력을 함께 발전시키고자 하는 학생 - 외교·국제회의·문화산업 등 실무 분야로 진출을 희망하는 학생
인재상 키워드	언어 감수성 / 논리적 사고 / 문화 간 소통 / 분석력 / 국제이해
필요 역량	다국어 구사력 + 언어 구조 이해력 + 비판적 독해력 + 표현력 + 통합적 사고력

교과 연계 전략

과목별 연계 키워드

과목	핵심 키워드
국어	시의 운율, 관용적 표현, 지역 방언, 언어공동체
영어	윌리엄 셰익스피어, 관용어, 숙어, 영어권문화
수학	지프의 법칙, 정보이론, 논리적 사고, 언어패턴
사회	문화상대주의, 언어공동체, 실존주의, 세계시민
과학	인공지능 번역, 음성인식 기술, 뇌의 언어처리
기타	다중언어정책(스위스), 세계문학상, 국제회의통역, 언어산업

졸업 후 진로

분야	직업 예시
통번역 분야	통역가, 번역가, 자막·문서 번역전문가, 언어컨설턴트
언론·문화	기자, 방송작가, 콘텐츠 크리에이터, 출판기획자
교육·연구	영어·외국어 교사, 대학교수, 언어학 연구원
외교·국제	외교관, 해외통신원, 국제회의기획자, 문화유산해설사

주요 개설 대학

인서울 주요 대학 경희대학교 · 동국대학교 · 한국외국어대학교

수도권 (인천/경기) 한세대학교

세특 키워드 활용 전략

탐구 주제 예시

✓ 「언어의 맥락에 따른 의미 변환과 문화적 해석」

✓ 「AI 번역기와 인간 번역가의 오류 유형 비교」

✓ 「영화 자막 번역의 사회문화적 차이 연구」

✓ 「의학·법률 용어 번역의 정확성 비교 연구」

✓ 「한국 속담과 영어 속담의 문화적 차이 분석」

융합 탐구 예시

✓ 국어+영어: 「언어적 모호성 해결을 위한 번역 방법론」

✓ 사회+언어: 「다언어 사회에서의 통역 윤리」

✓ 과학+언어: 「AI 번역기의 신경망 언어모델 작동 원리 분석」

활동 유형	예시 주제
교과 심화탐구	- 「AI 번역기의 오류 분석 및 개선 방안」 - 「번역과 문화: 동일한 표현, 다른 의미」 - 「언어 구조에 따른 의역·직역의 차이」
융합형 탐구	- 「언어학과 컴퓨터 과학의 융합: 번역 알고리즘 이해」 - 「세계 언어정책 비교: 스위스 vs 한국」
문화탐구형	- 「언어와 세계관: 사피어-워프 가설 검토」 - 「세계 속담의 언어적 구조 비교」
진로 연계 활동	- 자율동아리: 통역·번역 실습 프로젝트 운영 - 외국어 뉴스 번역 및 자막 제작 - 학교 행사 통역 지원 활동
창의활동 연계	- '세계 문화의 날' 통역 봉사 - 번역 콘테스트 참가 및 결과 보고서 작성 - 다언어 인터뷰 영상 제작 프로젝트

합격 사례 A

항목	내용
대학	한국외국어대학교
전형명	서류형
내신	2.3대
포인트	- 『오만과 편견』 독서 후 직역·의역 비교 발표 - AI 번역기 정확도 실험 프로젝트 수행 - 자율활동: 영어뉴스 번역 스터디 및 발표 진행

입학사정관 평가

"탐구 주제가 전공의 핵심과 맞닿아 있으며, 언어 활용 능력과 분석력이 뛰어남."

합격 사례 B

항목	내용
대학	경희대학교
전형명	네오르네상스
내신	2.5대
포인트	- 『셰익스피어 4대 비극』 속 번역 관점에서의 의미 변형 분석 - 과학 세특: 'AI 번역기의 언어 처리 구조' 발표 - 자율활동: 다언어 뉴스 영상 자막 제작 프로젝트

입학사정관 평가

"문학·언어·기술을 융합적으로 연결하여, 창의적 언어 활용력이 돋보임."

불합격 사례 A

항목	내용
대학	**경희대학교**
전형명	네오르네상스
내신	2.8대
약점 요인	- 단순 독서 중심, 세특 연계 부족 - 통번역 관련 키워드 미흡 - 산출물 부재

입학사정관 평가

"감상 중심 탐구로 전공 관련 실증적 탐구 역량이 부족함."

 입학사정관이 말하는 합불 포인트 요약

항목	합격생의 특징	불합격생의 문제점
세특 구성	언어·문화·기술 융합형 탐구 구성	감상 중심, 실험·분석 결여
탐구 주제	통번역의 실제 과정과 언어의 차이 탐구	주제 일관성 약함, 결과 부재
연계성	교과–자율–독서–활동 간 흐름 존재	단절적 활동, 전공 일관성 부족
결과물	실험 보고서, 자막 제작, 발표자료 등 산출	탐구 산출물 없음, 기록 위주

추천 도서

- 『오이디푸스 왕』 (소포클레스, 민음사)
- 『셰익스피어 4대 비극』 (윌리엄 셰익스피어, 민음사)
- 『영미문학의 길잡이』 (영미문학연구회, 창작과 비평사)
- 『언어 이론과 그 응용』 (김진우, 한국문화사)
- 『미메시스』 (에리히 아우어바흐, 민음사)
- 『오만과 편견』 (제인 오스틴, 민음사)
- 『노인과 바다』 (어니스트 헤밍웨이, 민음사)
- 『코스모스』 (칼 세이건, 사이언스북스)

한문학과

오래된 미래, 고전에서 지혜를 긷다

한문학과는 낡은 학문이 아닙니다. 동아시아 문명의 정수가 담긴 고전을 해독하여 현대 사회에 필요한 지혜와 가치를 재발견하는 학문입니다.

한문학과 개요

계열	언어·문학계열
학과 특징	한문 문헌의 연구를 통해 고전 속 사상과 미학, 문학적 가치와 언어의 원리를 탐구하는 학문으로, 전통문화의 계승과 현대적 재해석을 통해 인문학적 통찰력을 기르는 것을 목표
이런 학생에게 적합	- 한자와 한문 문학에 관심이 많고 고전을 읽으며 사고력을 기르고자 하는 학생 - 동양 고전 속 사상·윤리·미학적 가치를 현대적으로 해석하고 싶은 학생 - 전통문화 계승과 동양문명 비교연구에 흥미가 있는 학생
인재상 키워드	고전 해석력 / 언어 감수성 / 역사문화 이해력 / 비판적 사고 / 인문학적 상상력
필요 역량	한자 이해력 + 고전 독해력 + 문헌 분석력 + 논리적 글쓰기 + 문화비평력

교과 연계 전략

과목별 연계 키워드

과목	핵심 키워드
국어	고전문학, 시조, 한문학, 수사법, 비평문
영어	번역학, 고전 비교, 담화, 동서문학 비교
사회	유교사상, 성리학, 유학과 사회윤리, 동아시아사
과학	천인감응론, 동양의학, 풍수지리, 음양오행
한문	한자문화권, 표의문자, 순화어, 한문산문, 한문소설
기타	고전독서, 서예, 문학사, 동양철학, 인문학콘서트

졸업 후 진로

분야	직업 예시
언어·문화	작가, 아나운서, 출판기획자, 언론인
교육·연구	한문 교사, 대학교수, 인문학연구원, 동양고전연구자
공공·문화	한문문헌전문연구원, 한적전문사서, 동양서전문번역가
예술·기획	고전 리라이터, 문화콘텐츠기획자, 박물관 연구사

주요 개설 대학

인서울 주요 대학	고려대학교 · 성균관대학교
지방 주요 대학	부산대학교 · 충남대학교 · 경북대학교 · 조선대학교 · 경상국립대학교

세특 키워드 활용 전략

탐구 주제 예시

✓ 「한시 속 자연관과 인간관 비교 연구」

✓ 「'논어'의 군자상과 현대 윤리의식 비교」

✓ 「'춘추좌전'에 나타난 역사 서술 방식의 의미」

✓ 「조선시대 문인들의 서간문을 통한 인간관계의 윤리적 구조」

융합 탐구 예시

✓ 국어+한문학: 「한문과 국문 고전의 서사 구조 비교」

✓ 사회+윤리: 「성리학과 현대 사회의 가치 충돌」

✓ 과학+철학: 「천인감응론과 동양자연철학의 관계」

활동 유형	예시 주제
교과 심화탐구	- 『논어』에 나타난 군자의 덕목과 현대 리더십 비교 - 『춘추좌전』의 역사 서술방식과 조선시대 문학사적 의미 - 한시와 현대시의 정서 표현 비교
융합형 탐구	- 「유교사상과 근대 사회의 윤리적 갈등」 - 「천인감응론과 동양의 자연과학 인식 비교」
문화탐구형	- 「한자문화권의 언어 표현 차이」 - 「조선시대 책과 지식문화의 사회적 의미」
진로 연계 활동	- 자율동아리: 한문 고전 읽기 및 비평 활동 - '동양 고전과 현대 윤리' 세미나 운영 - '조선의 문인들' 인물 카드뉴스 제작
창의활동 연계	- '한문학의 날' 행사 기획 및 발표 - 한문 번역 실습 보고서 작성 - 『논어』 명언집 카드뉴스 및 전시 진행

합격 사례 A

항목	내용
대학	고려대학교
전형명	학업우수형
내신	2.1대
포인트	- 『논어』와 『맹자』 비교 분석 보고서 제출 - 교과 세특: '고전 속 인간상과 현대 가치 비교' 탐구 - 자율활동: 고전 명언 카드뉴스 제작 및 발표

입학사정관 평가

"고전 텍스트를 비판적으로 해석하며, 시대적 가치와 연결한 사고력이 돋보임."

합격 사례 B

항목	내용
대학	부산대학교
전형명	일반전형(학생부종합)
내신	2.5대
포인트	- 『춘추좌전』 독서 후 역사 서술 구조 분석 - 한문 세특: '한시의 상징과 비유적 표현' 탐구 - 자율활동: 고전 속 여성상 주제 발표

입학사정관 평가

"문학적 감수성과 학문적 분석력이 조화된 전형적인 인문탐구형 학생."

불합격 사례 A

항목	내용
대학	성균관대학교
전형명	계열적합형
내신	2.8대
약점 요인	- 감상 중심의 독서 기록 - 세특 내 학문적 분석 부족 - 탐구보고서 부재

입학사정관 평가

"고전 감상에 그치며 학문적 확장성이 부족함."

항목	내용
대학	경북대학교
전형명	지역인재형
내신	3.0대
약점 요인	- 활동은 많으나 전공과 직접적 연계 부족 - 탐구주제의 일관성 결여 - 결과물 미흡

입학사정관 평가

활동량은 충분하나 전공 탐구의 방향성과 논리성이 부족함."

입학사정관이 말하는 합불 포인트 요약

항목	합격생의 특징	불합격생의 문제점
세특 구성	고전 해석과 현대적 연결 탐구	단순 감상 중심 활동
탐구 주제	문학·철학·역사적 융합 탐구	근거 부족, 단편적 해석
연계성	교과–자율–독서의 일관된 흐름	활동 간 단절, 주제 분산
결과물	보고서·카드뉴스·발표 등 산출물 존재	탐구 산출물 부재, 형식적 기록

추천 도서

- 『한국문학통사 1』 (조동일, 지식산업사)
- 『한국문학의 이해』 (김흥규, 민음사)
- 『한국 고전명시 100선』 (안병렬, 계명대학교출판부)
- 『한국의 고전을 읽는다』 (고운기 외, 휴머니스트)
- 『조선시대 책과 지식의 역사』 (강명관, 천년의 상상)
- 『서사문학의 이해』 (오탁번, 고려대학교출판부)
- 『인문학 콘서트』 (고미숙 외, 이숲)
- 『재미있는 한국어의 미학』 (이규항, 형설출판)

인문
교육계열

HELPER 합격 학생부

인문교육계열

가정교육과

삶의 기술을 가르치는 생활 전문가

가정교육과는 요리나 바느질만 배우는 곳이 아닙니다. 인간의 발달, 가족 관계, 소비 생활, 주거 환경 등 우리 삶의 가장 기초가 되는 '생활 역량'을 교육하는 학문입니다.

가정교육과 개요

계열	사범대학 / 생활과학계열
학과 특징	가정교육과는 인간의 성장·발달, 가족관계, 소비생활, 식생활, 의생활, 주거환경 등 일상생활 전반을 교육적으로 탐구하며, 학생들이 건강하고 조화로운 삶을 영위하도록 지도할 교사를 양성하는 학문
이런 학생에게 적합	- 인간의 발달과 가족관계, 생활문화에 관심이 많은 학생 - 일상생활 속 문제를 분석·개선하고 교육적 실천으로 확산시키고자 하는 학생 - 학생들의 생활 속 행복과 지속가능한 삶을 설계하고 싶은 학생
인재상 키워드	인간이해 / 실천적 문제해결 / 공동체성 / 윤리적 소비 / 생활문화 창의성
필요 역량	생활과학적 사고력 + 교육설계력 + 공감소통능력 + 실천적 탐구력

추천 도서

- 『아동발달의 이해』 (정옥분, 학지사)
- 『넓게 보는 주거학』 (주거학연구회, 교문사)
- 『즐거운 불편』 (후쿠오카 켄세이, 달팽이출판)
- 『아이의 모든 인생은 가정에서 시작된다』 (래리 C. 해리스, 다산에듀)
- 『배움의 공동체』 (손우정, 해냄출판사)
- 『희망의 밥상』 (제인 구달 외, 사이언스북스)
- 『인간이해』 (알프레드 아들러, 일빛)
- 『새로 쓰는 소비자의사결정』 (김영신 외, 교문사)
- 『식탁 위의 한국사』 (주영하, 휴머니스트)

과목별 연계 키워드

과목	핵심 키워드
국어	의사소통, 표현력, 논설문, 생활문화 담론
사회	가족, 공동체, 사회변화, 노동, 복지
기술·가정	아동발달, 식생활, 소비, 의생활, 가족관계, 진로설계
과학	영양학, 환경문제, 인간생리, 식품위생
수학	소비지수, 예산관리, 데이터해석, 통계활용
교육학	교육심리, 학습이론, 교육사회, 수업설계

진로·진학 연계

졸업 후 진로

분야	직업 예시
교육	중·고등학교 가정교사, 교육연구원, 생활교육 컨설턴트
상담·복지	청소년상담사, 가족상담사, 사회복지전문가
공공	여성가족부, 교육청, 소비자보호 관련 공무원
산업	식품기업, 패션·의류산업, 주거환경·소비자 관련 연구직

학과 개설 주요 대학

인서울 주요 대학	서울대학교 · 고려대학교 · 연세대학교 · 성균관대학교 · 한양대학교 · 이화여자대학교 · 경희대학교 · 건국대학교 · 중앙대학교 · 동국대학교 · 서울시립대학교
지방 주요 대학	부산대학교 · 충남대학교 · 전남대학교 · 경북대학교 · 조선대학교

활동 유형	예시 주제
교과 심화탐구	- 『아동발달의 이해』를 통한 성장발달 단계 분석 - 「청소년의 소비습관과 경제교육」 보고서 작성 - 「식품 선택과 지속가능한 식생활」 주제 발표
융합형 탐구	- 「가정교육과 환경교육의 연계」 - 「패스트패션의 윤리적 소비 실천 방안」
문화탐구형	- 「가족 형태 변화와 문화적 가치의 차이」 - 「한국과 일본의 식문화 비교」
진로 연계 활동	- 자율동아리: '생활과학 연구회' 운영 - 가정과 수업 시연 및 교재 제작 - 청소년 가정경제교육 캠페인 기획
창의활동 연계	- '가정의 달' 행사 기획 및 발표 - '가정경제 포스터' 제작 전시 - 지역 아동센터 대상 식생활 교육 봉사

합격 사례 A

항목	내용
대학	서울대학교
전형명	일반전형(사범대학)
내신	1.8대
포인트	- 『배움의 공동체』 독서 후 '가정과 수업의 협력학습 모형' 보고서 작성 - 기술·가정 세특: '청소년 소비습관 교육' 실습 프로젝트 수행 - 자율활동: 가정과 모의수업 발표 및 피드백 진행

입학사정관 평가

"생활과학적 지식과 교육실천 능력을 겸비하여 교직 역량이 높게 평가됨."

합격 사례 B

항목	내용
대학	이화여자대학교
전형명	미래인재형
내신	2.3대
포인트	- 『희망의 밥상』 독서 후 지속가능 식생활 교육안 작성 - 교과 세특: '아동의 발달단계별 교육방법' 탐구 - 자율활동: '가정교육의 가치' 포스터 발표 및 공유

입학사정관 평가

"생활 속 문제를 교육적으로 접근하며, 실천적 탐구와 교육철학이 조화를 이룸."

불합격 사례 A

항목	내용
대학	성균관대학교
전형명	계열적합형
내신	2.8대
약점 요인	- 단순 생활 습관 소개 중심 - 교과 세특 간 연계 미흡 - 산출물(보고서, 발표자료) 부재

입학사정관 평가

"활동의 양은 충분하나 전공 탐구의 깊이가 부족함."

불합격 사례 B

항목	내용
대학	경희대학교
전형명	네오르네상스
내신	3.0대
약점 요인	- 활동 주제 일관성 부족 - 탐구와 실습의 연결성 미흡 - 결과물 부재

입학사정관 평가

"활동의 다양성은 있으나 교육적 구조화와 학문적 확장성이 부족함."

입학사정관이 말하는 합불 포인트 요약

항목	합격생의 특징	불합격생의 문제점
세특 구성	생활·가정·교육의 융합형 탐구 중심	감상·체험 중심 기록
탐구 주제	실생활 문제를 교육적 관점에서 해결	주제 산만, 분석 약함
연계성	교과–자율–독서 간 흐름 일관	활동 단절, 주제 불일치
결과물	보고서·수업안·포스터 등 산출물 존재	결과물 부재, 수행 중심 기록

세특 키워드 활용 전략

탐구 주제 예시

✓ 「아동의 발달단계별 놀이유형과 정서 발달의 관계」

✓ 「청소년 소비문화 변화와 윤리적 소비의 필요성」

✓ 「가족 구성 변화가 생활양식에 미치는 영향」

✓ 「식생활 교육을 통한 지속가능한 환경보호」

✓ 「청소년 주거환경의 질과 학습 효율의 상관성」

융합 탐구 예시

✓ 가정+과학: 「영양 불균형이 학습 능력에 미치는 영향」

✓ 가정+사회: 「1인가구 증가와 가족의 사회적 기능 변화」

✓ 가정+교육학: 「청소년 인성교육에서 가정교육의 역할」

교육학과

가르침의 본질을 탐구하는 교육 전문가

교육학과는 특정 과목을 가르치는 방법이 아니라, 교육 그 자체를 연구하는 곳입니다. 교육 철학, 심리, 행정, 사회학 등을 통해 '어떻게 가르칠 것인가'와 '교육은 사회에서 어떤 역할을 하는가'를 고민합니다.

교육학과 개요

계열	사범대학 / 교육학계열
학과 특징	교육학과는 '인간은 어떻게 배우고 성장하는가'라는 근본적 질문에서 출발하여, 교육의 본질과 목적, 교수·학습 방법, 교육제도, 교육평등 등 전반적인 교육 현상을 탐구하는 학문
이런 학생에게 적합	- 교육을 통해 사회 변화를 이끌고 싶은 학생 - 학습심리, 교육정책, 사회불평등 등에 관심이 많은 학생 - 교사 또는 교육연구자, 교육행정가를 꿈꾸는 학생
인재상 키워드	교육철학 / 학습심리 / 비판적 사고 / 사회적 책임 / 교육혁신
필요 역량	사고력 + 공감소통력 + 문제해결력 + 윤리적 리더십

교과 연계 전략

과목별 연계 키워드

과목	핵심 키워드
국어	논설문, 교육 담론, 비판적 읽기, 설득적 글쓰기
사회	평등, 민주주의, 사회변동, 공공정책
윤리	인간관, 도덕교육, 가치판단
수학	교육평가, 통계, 신뢰도·타당도
과학	학습과 뇌, 인지심리, 행동분석
교육학	교육철학, 교육심리, 교육사회, 교육공학

졸업 후 진로

분야	직업 예시
교육	교육정책 연구원, 교사, 교육행정직 공무원, 진로·학습코치
연구	교육학자, 교육심리학자, 교육공학 연구자
공공·사회	시민교육활동가, NGO 교육프로젝트 매니저
기업	HRD(인적자원개발) 전문가, 교육기획자, 콘텐츠 디자이너

학과 개설 주요 대학

인서울 주요 대학	서울대학교 · 고려대학교 · 연세대학교 · 성균관대학교 · 한양대학교 · 이화여자대학교 · 경희대학교 · 중앙대학교 · 건국대학교 · 동국대학교 · 서울시립대학교 · 홍익대학교
지방 주요 대학	부산대학교 · 충남대학교 · 전남대학교 · 경북대학교 · 조선대학교

세특 키워드 활용 전략

탐구 주제 예시

- ✓ 「존 듀이의 '민주주의와 교육'을 통한 학습자 중심 교육 탐구」
- ✓ 「학습 동기 이론에 기반한 학생 참여형 수업 설계」
- ✓ 「교육격차의 원인과 사회구조적 배경 분석」
- ✓ 「AI 시대의 인간 교사의 역할과 한계」
- ✓ 「교사와 학생 관계에서의 공감 교육의 중요성」

융합 탐구 예시

- ✓ 교육+사회: 「사회적 불평등이 학업 성취에 미치는 영향」
- ✓ 교육+심리: 「학생의 자기효능감이 학습몰입에 미치는 영향」
- ✓ 교육+기술: 「에듀테크의 발전과 교육공학적 윤리 문제」

활동 유형	예시 주제
교과 심화탐구	- 「듀이의 교육철학과 학습자 중심 수업」 - 「평등한 교육을 위한 정책 설계」 - 「학습심리 이론을 활용한 학생 동기 강화 프로그램」
융합형 탐구	- 「AI 기반 학습 도구와 인간 교사의 관계」 - 「교육의 사회적 재생산 이론 분석」
문화탐구형	- 「세계 각국의 교육제도 비교」 - 「한국 교육의 문제와 개선 방향」
진로 연계 활동	- 자율동아리: '교육정책 연구회' 운영 - 모의수업 설계 및 피드백 세션 진행 - '교육격차 해결방안' 토론회 개최
창의활동 연계	- '교육의 날' 행사 기획 - 교육 불평등 관련 카드뉴스 제작 - 진로교육 페어 부스 운영

합격 사례 A

항목	내용
대학	서울대학교
전형명	일반전형(사범대학)
내신	1.8대
포인트	- 『민주주의와 교육』 독서 후 '학습자 중심 수업의 의의' 보고서 작성 - 교육심리 세특: '학습동기 이론' 발표 및 사례 분석 - 자율활동: '학생 주도형 수업 설계 프로젝트' 수행

입학사정관 평가

"교육에 대한 이론적 이해와 실제적 설계 능력이 균형 잡혀 있음."

합격 사례 B

항목	내용
대학	이화여자대학교
전형명	미래인재형
내신	2.3대
포인트	- 『페다고지』 독서 후 '해방적 교육의 의미' 탐구 - 사회 세특: '교육격차와 사회구조' 발표 - 자율활동: '교육정의 세미나' 주도 및 토론 리더 역할 수행

입학사정관 평가

"교육철학적 통찰과 사회적 시야를 함께 보여준 사례로 우수한 평가."

불합격 사례 A

항목	내용
대학	성균관대학교
전형명	계열적합형
내신	2.8대
약점 요인	- 교육 관련 탐구 주제 부재 - 활동의 단순 나열식 구성 - 보고서·결과물 부족

입학사정관 평가

"교육적 분석력보다는 감상 중심으로 탐구 깊이가 부족함."

불합격 사례 B

항목	내용
대학	**경희대학교**
전형명	네오르네상스
내신	3.0대
약점 요인	- 활동 주제 일관성 부족 - 교육학적 키워드 미흡 - 자율활동 중심으로 실질 탐구 약함

입학사정관 평가

"활동의 양은 충분하나, 교육학적 체계성과 분석력이 부족함."

 **입학사정관이 말하는 합불 포인트 요약**

항목	합격생의 특징	불합격생의 문제점
세특 구성	교육철학·심리·사회 융합형 탐구	주제 단절, 감상 중심
탐구 주제	교육 현상 분석 및 해결 중심	추상적 접근, 논리 구조 미흡
연계성	교과–자율–독서 간 흐름 일관	활동 분산, 결과물 부족
결과물	보고서·수업안·토론결과물 존재	탐구과정 나열형 중심

추천 도서

- 『민주주의와 교육』 (존 듀이, 교육과학사)
- 『페다고지』 (파울로 프레이리, 그린비)
- 『교육학개론』 (김정환 외, 박영스토리)
- 『교육공학의 원리와 적용』 (박성익 외, 교육과학사)
- 『교육사상의 역사』 (고려대학교 교육사철학연구모임, 집문당)
- 『교육과 사회사상』 (이건만, 문음사)
- 『한국의 사회변동과 교육』 (김경근, 문음사)
- 『한국의 교육문제: 분석과 해결방안』 (박인우 외, 원미사)
- 『우리 시대를 위한 교육사회학 다시 읽기』 (앨버트 헨리 할지, 한울아카데미)
- 『왜 잘사는 집 아이들이 공부를 더 잘하나?』 (신명호, 한울아카데미)

국어교육과

우리말과 글, 사고력을 키우는 길잡이

국어 교사는 단순히 맞춤법이나 문학 작품을 가르치는 사람이 아닙니다. 학생들의 의사소통 능력과 비판적 사고력을 길러주는 언어 교육 전문가입니다.

국어교육과 개요

계열	사범대학 / 교육학계열
학과 특징	우리말의 구조·역사·표현을 체계적으로 학습하고, 국어 교과교육의 이론과 실제를 탐구하는 학문. 문학과 언어, 그리고 교육 방법론을 결합하여 언어적 사고력과 교육적 실천력을 갖춘 교사를 양성하는 것을 목표
이런 학생에게 적합	- 국어와 문학을 사랑하며 글쓰기와 토론을 즐기는 학생 - 말과 글의 힘을 통해 학생을 가르치고 싶은 학생 - 언어의 본질을 탐구하며 교육의 가치를 실현하고자 하는 학생
인재상 키워드	언어 감수성 / 논리적 사고 / 표현력 / 교육철학 / 공감능력
필요 역량	문학 해석력 + 국어 구조 이해력 + 의사소통 능력 + 교육적 사고력

교과 연계 전략

과목별 연계 키워드

과목	핵심 키워드
국어	화법과 작문, 언어의 이해, 현대문학, 고전문학, 문법
사회	교육정책, 평등, 교사의 역할, 윤리의식
영어	언어 비교, 다문화 교육, 글로벌 교육
수학	평가기준 설계, 논리적 사고, 분석적 판단
기타	독서교육, 교육철학, 커뮤니케이션, 글쓰기지도

졸업 후 진로

분야	직업 예시
교육	중·고등학교 국어교사, 국어교육연구원, 교과서 집필자
연구	교육정책연구원, 언어교육학자, 교육평가 전문가
문화·언론	출판기획자, 기자, 작가, 방송작가, 문화기획자
공공	교육행정직 공무원, 평생교육사, 언어문화정책 담당자

학과 개설 주요 대학

인서울 주요 대학	서울대학교 · 고려대학교 · 연세대학교 · 한양대학교 · 이화여자대학교 · 경희대학교 · 건국대학교 · 동국대학교 · 홍익대학교 · 중앙대학교 · 서울시립대학교 · 성균관대학교 · 숙명여자대학교
지방 주요 대학	부산대학교 · 충남대학교 · 전남대학교 · 경북대학교 등 사범대학 중심 개설

세특 키워드 활용 전략

탐구 주제 예시

✓「국어 문법 교육에서의 의사소통 중심 접근법 연구」

✓「고전문학을 활용한 독서교육의 효과」

✓「학생 중심 문법 수업의 구조 설계」

✓「국어 교과서 속 여성 서사의 변화 분석」

✓「AI 세대의 국어교육 방향 탐색」

융합 탐구 예시

✓ 국어+교육학:「문학교육에서의 정의적 영역 평가」

✓ 국어+심리학:「학생 발화 유형에 따른 공감적 피드백 전략」

✓ 국어+사회:「국어과 교육과 인성교육의 연계 방안」

활동 유형	예시 주제
교과 심화탐구	- 「국어 문법 교육의 의의와 한계」 - 「고전문학 속 인간상과 현대적 가치」 - 「학생 중심의 독서수업 설계」
융합형 탐구	- 「국어교육과 심리학: 학생 피드백 전략」 - 「언어교육과 AI 기술의 융합」
문화탐구형	- 「국어교과서 속 문학작품의 사회적 의미」 - 「현대 국어와 디지털 언어의 공존 가능성」
진로 연계 활동	- 자율동아리: '국어교육 연구회' 구성 및 수업 설계 토론 - 교내 글쓰기 지도 멘토링 프로그램 참여 - '문학교육의 의미' 강연회 기획 및 진행
창의활동 연계	- '우리말 사랑 캠페인' 기획 - 국어교육 뉴스레터 제작 - 고전문학 읽기 카드뉴스 및 낭독회 운영

**대학별 합격 /
불합격 사례
비교 분석**

합격 사례 A

항목	내용
대학	서울대학교
전형명	일반전형(사범대학)
내신	1.7대
포인트	- 『국어 교육의 이해』 독서 후 '학습자 중심 수업의 필요성' 보고서 작성 - 교과 세특: 문학 수업 설계 실습 활동 수행 - 자율활동: 국어 수업 시연 및 동료 피드백 주도

입학사정관 평가

"교육철학과 교수학습에 대한 이해가 깊으며, 국어교육에 대한 진정성과 실천력이 돋보임."

합격 사례 B

항목	내용
대학	**이화여자대학교**
전형명	미래인재형
내신	2.3대
포인트	- 『가르칠 수 있는 용기』를 바탕으로 '교사의 자존감과 학생 존중' 주제 발표 - 고전 독서 후 국어교육 철학적 의미 탐색 - 교내 독서토론 동아리 운영

입학사정관 평가

"교육적 사명감과 인문학적 사고가 조화를 이룬 사례로, 교직 적성이 뚜렷함."

불합격 사례 A

항목	내용
대학	**경희대학교**
전형명	네오르네상스
내신	2.8대
약점 요인	- 단순 문학 감상 위주의 활동 - 국어교육 관련 세특 키워드 미흡 - 교육적 가치 탐구 및 실천 경험 부족

입학사정관 평가

"문학 감수성은 풍부하나, 교육적 분석력과 학문적 구조화 부족."

불합격 사례 B

항목	내용
대학	동국대학교
전형명	DoDream
내신	3.0대
약점 요인	- 자율활동의 일관성 부족 - 국어교육 관련 주제 산발적 - 탐구보고서 및 수업 설계 경험 부족

입학사정관 평가

"활동은 많으나 교직 관련 목표의 구체성과 실행력이 부족함."

입학사정관이 말하는 합불 포인트 요약

항목	합격생의 특징	불합격생의 문제점
세특 구성	국어교육 중심 탐구 주제 및 실천 활동	단순 문학 감상 위주
탐구 주제	문학·언어·교육의 융합적 연구	구체성·체계성 부족
연계성	교과–자율–독서–진로의 흐름 일관	활동 단절, 주제 분산
결과물	수업 설계안, 보고서, 발표자료 등 산출물 존재	기록 위주, 실천 미흡

추천 도서

- 『국어 교육의 이해』 (원진숙 외, 사회평론아카데미)
- 『우리말 문법론』 (고영근 외, 집문당)
- 『우리 고전을 찾아서』 (임형택, 한길사)
- 『한국문학의 이해』 (김흥규, 민음사)
- 『언어 이론과 그 응용』 (김진우, 한국문화사)
- 『선생님으로 산다는 것』 (이석범, 살림)
- 『가르칠 수 있는 용기』 (파커 J. 파머, 한문화)
- 『사랑한다, 우리말』 (장승욱, 하늘연못)
- 『사랑으로 매긴 성적표』 (이상석, 양철북)
- 『생각, 세 번: 옛 선비들의 지혜가 담긴 고전 명구』 (권경열 외, 한국고전번역원)

독어교육과

언어로 세계를 잇는 문화 전도사

외국어 교육은 단어와 문법을 넘어 그 나라의 문화를 가르치는 일입니다. 언어를 통해 세계 시민 의식을 기르고 타 문화를 이해하도록 돕는 교사를 꿈꿔야 합니다.

독어교육과 개요

계열	사범대학 / 외국어교육계열
학과 특징	독일어의 언어구조와 문법, 발음 체계, 문학, 문화, 교육방법론을 통합적으로 탐구하는 학문으로, 언어교육자로서의 소통능력과 독일어권 문화에 대한 이해를 기반으로 한 교사 양성을 목표
이런 학생에게 적합	- 외국어 학습에 흥미가 높고, 언어교육에 관심이 있는 학생 - 언어의 구조와 표현을 체계적으로 이해하고자 하는 학생 - 언어를 통한 사고력과 문화 간 이해를 키우고자 하는 학생
인재상 키워드	언어 감수성 / 교육소통력 / 논리적 사고 / 글로벌 이해 / 인문학적 성찰
필요 역량	독일어 구사력 + 문법 분석력 + 교육적 소통력 + 문화 해석력

교과 연계 전략

과목별 연계 키워드

과목	핵심 키워드
국어	문법, 화법, 담화, 문체, 수사학
영어	외국어 습득, 문장 구조, 의미론, 비교문학
사회	교육 제도, 다문화 사회, 유럽연합, 인권 교육
과학	학습심리, 뇌과학, 언어 인식 과정
한문/제2외국어	언어 유사성 비교, 어원학, 번역의 원리
기타	독일 문화사, 철학, 발도르프 교육, 교사 윤리

졸업 후 진로

분야	직업 예시
교육	중·고등학교 독일어 교사, 독어교육 연구원
통번역	통·번역가, 출판번역가, 국제회의 통역사
문화·국제	문화원 직원, 외교관, 해외연수담당자, 국제교류 전문가
연구·학술	대학원 진학, 언어학 연구원, 독일학 연구자

학과 개설 주요 대학

인서울 주요 대학	서울대학교 · 고려대학교 · 연세대학교 · 성균관대학교 · 이화여자대학교 · 한양대학교 · 경희대학교 · 서울시립대학교 · 건국대학교 · 동국대학교 · 홍익대학교
지방 주요 대학	부산대학교 · 충남대학교 · 전남대학교 · 중앙대학교(안성)

세특 키워드 활용 전략

탐구 주제 예시

✓ 「괴테의 『젊은 베르테르의 슬픔』에 나타난 인간 이해와 교육적 시사점」

✓ 「독일어 교육에서 발음 지도 방법의 효과 분석」

✓ 「루돌프 슈타이너의 발도르프 교육철학과 현대 교육의 비교」

✓ 「독일 문학 속 자아 형성 과정과 교사 역할의 상징성」

융합 탐구 예시

✓ 언어+교육: 「외국어 학습의 심리적 요인과 교수 학습 전략」

✓ 문학+철학: 「괴테와 니체의 인간관 비교」

✓ 사회+문화: 「독일의 직업교육제도와 청소년 자율성」

활동 유형	예시 주제
교과 심화탐구	- 『젊은 베르테르의 슬픔』 속 인간의 감정 구조와 표현 분석 - 『파우스트』에 나타난 인간 욕망의 상징성 탐구 - 독일어 교육과 발음 지도 방법의 효과 비교
융합형 탐구	- 「발도르프 교육철학과 현대 교과교육의 접점」 - 「AI 번역 기술이 외국어 학습에 미치는 영향」
문화탐구형	- 「독일 교육제도와 학생 자율성의 철학」 - 「독일 문학 속 교사의 상징적 역할」
진로 연계 활동	- 자율동아리: '독일문학 토론회' 운영 - 독일어 발음 및 문장 구조 지도 활동 - 독일 교육철학 연구 발표회 기획
창의활동 연계	- '독일어 문화주간' 기획 및 진행 - 괴테 명언집 카드뉴스 제작 - 『이방인』 주제 연극 실습 및 대본 번역

합격 사례 A

항목	내용
대학	서울대학교
전형명	일반전형(사범대학)
내신	1.8대
포인트	- 『젊은 베르테르의 슬픔』 분석 후 '감정 교육' 주제로 보고서 작성 - 국어·한문 세특: '언어의 교육적 기능' 발표 - 자율활동: 독일 교육제도 탐구 세미나 주도

입학사정관 평가

"문학작품을 교육학적으로 재해석하며, 언어와 인간 이해의 폭이 넓음."

합격 사례 B

항목	내용
대학	경희대학교
전형명	네오르네상스
내신	2.3대
포인트	- 『발도르프 아동교육』을 읽고 루돌프 슈타이너 교육철학 발표 - 독어·영어 비교학 탐구보고서 작성 - '독일 교육문화 체험전' 기획 및 발표

입학사정관 평가

"교육철학과 문화이해를 통합적으로 접근하며, 교직 적성과 사고력 균형이 우수."

불합격 사례 A

항목	내용
대학	성균관대학교
전형명	계열적합형
내신	2.8대
약점 요인	- 문학 감상 중심, 분석적 탐구 부족 - 교육 관련 세특 키워드 부재 - 산출물(보고서·발표자료) 미흡

입학사정관 평가

"언어 감수성은 높지만, 학문적 탐구의 깊이가 부족함."

불합격 사례 B

항목	내용
대학	동국대학교
전형명	DoDream
내신	3.0대
약점 요인	- 자율활동 간 연계성 부족 - 전공 키워드(교육·언어·문학) 미흡 - 탐구 과정의 논리적 서술 부족

입학사정관 평가

"활동의 양은 많지만, 학문적 연결성과 교직 적성이 명확히 드러나지 않음."

입학사정관이 말하는 합불 포인트 요약

항목	합격생의 특징	불합격생의 문제점
세특 구성	문학·교육·언어의 통합형 탐구 중심	감상 위주, 전공 키워드 부족
탐구 주제	독일 문학과 교육철학 연계형 주제	일관성 약함, 근거 부족
연계성	교과–자율–독서 간 흐름 일관	단절적 활동, 결과물 부재
결과물	보고서·발표·문화행사 산출물	탐구과정 단순 기술형

추천 도서

- 『발도르프 아동교육』 (루돌프 슈타이너, 씽크스마트)
- 『사진과 그림으로 보는 케임브리지 독일사』 (마틴 키친, 시공사)
- 『젊은 베르테르의 슬픔』 (요한 볼프강 폰 괴테, 민음사)
- 『이방인』 (알베르 카뮈, 민음사)
- 『레미제라블』 (빅토르 위고, 민음사)
- 『잃어버린 시간을 찾아서』 (마르셀 프루스트, 학원사)
- 『연금술사』 (파울로 코엘료, 문학동네)
- 『칼 비테의 자녀교육법』 (칼 비테, 베이직북스)

불어교육과

톨레랑스의 정신을 전하는 문화 외교관

프랑스어는 예술과 외교, 그리고 혁명의 언어입니다. 불어교육과는 단순히 언어를 가르치는 것을 넘어, 프랑스어권(프랑코포니)의 문화를 통해 학생들에게 다양성과 관용(톨레랑스)의 가치를 심어주는 교사를 양성합니다.

불어교육과 개요

계열	사범대학 / 외국어교육계열
학과 특징	프랑스어의 언어체계, 문학, 문화, 교육방법론을 학습하며, 언어와 문화의 상호작용 속에서 교육적 소통능력을 기르는 학문으로, 언어적 감수성과 교직 전문성을 함께 함양하여 프랑스어 교육 전문가를 양성
이런 학생에게 적합	- 프랑스어를 매개로 문화와 소통을 즐기는 학생 - 외국어 교육과 인문학적 통찰에 관심이 있는 학생 - 교육을 통해 문화적 다양성과 언어 감수성을 전달하고자 하는 학생
인재상 키워드	언어 감수성 / 교육소통력 / 문화이해 / 논리적 사고 / 인문학적 성찰
필요 역량	프랑스어 구사력 + 문학 해석력 + 교육적 사고력 + 커뮤니케이션 능력

교과 연계 전략

과목별 연계 키워드

과목	핵심 키워드
국어	언어 구조, 수사학, 표현력, 글쓰기, 독서 지도
영어	언어습득 비교, 문장 구조, 담화 분석, 외국어 교수법
사회	프랑스 혁명, 자유·평등·박애, 계몽사상, 인권교육
과학	언어 습득의 인지과학, 학습심리, AI 번역기술
교육학	학습이론, 수업 설계, 평가방법, 교사 윤리
기타	프랑스 예술, 문화사, 영화, 철학(데카르트·사르트르)

졸업 후 진로

분야	직업 예시
교육	중·고등학교 불어교사, 프랑스어 강사, 교육연구원
통번역	번역가, 통역가, 출판기획자, 문학번역가
국제·문화	외교관, 문화원 직원, 국제협력 전문가
연구	대학교수, 불문학 연구자, 언어교육학자

학과 개설 주요 대학

인서울 주요 대학	서울대학교 · 고려대학교 · 연세대학교 · 성균관대학교 · 한양대학교 · 이화여자대학교 · 경희대학교 · 건국대학교 · 동국대학교 · 홍익대학교 · 서울시립대학교
지방 주요 대학	부산대학교 · 충남대학교 · 전남대학교 · 조선대학교

세특 키워드 활용 전략

탐구 주제 예시

✓ 「프랑스 계몽사상이 불어교육에 미친 영향」

✓ 「『이방인』에 나타난 인간 소외의 언어적 표현」

✓ 「불어 문법과 영어 문법의 구조적 차이 비교」

✓ 「『보바리 부인』을 통한 인간의 욕망과 사회 도덕성 탐구」

✓ 「AI 번역기의 불어 표현 한계와 교육적 활용 방안」

융합 탐구 예시

✓ 언어+교육: 「의사소통 중심 교수법의 불어교육 적용 사례」

✓ 문학+철학: 「『적과 흑』 속 인간의 자유와 도덕적 선택」

✓ 사회+언어: 「프랑스 인권선언의 언어적 특징과 의미」

활동 유형	예시 주제
교과 심화탐구	- 『보바리 부인』을 통한 인간 심리 탐구 - 『이방인』 속 언어의 부조리 표현 - 『적과 흑』을 통한 인간 욕망의 상징 분석
융합형 탐구	- 「AI 번역기와 불어교육의 상호보완성」 - 「프랑스 계몽사상과 인권 교육」
문화탐구형	- 「프랑스 영화와 문학의 언어적 표현 비교」 - 「프랑스 교육철학과 자유의 가치」
진로 연계 활동	- 자율동아리: '프랑스어 세미나' 운영 및 발표 - 프랑스어 회화 스터디 운영 - '프랑스 문학 속 여성상' 주제 발표
창의활동 연계	- '프랑스 문화의 날' 행사 기획 - 프랑스 작가 명언 카드뉴스 제작 - 『어린왕자』 주제 연극 실습 및 낭독회 개최

**대학별 합격 /
불합격 사례
비교 분석**

합격 사례 A

항목	내용
대학	이화여자대학교
전형명	미래인재형
내신	2.1대
포인트	- 『이방인』 독서 후 실존주의적 인간관 발표 - 불어교육법 적용 모의수업 보고서 작성 - 자율활동: 프랑스 문화 주제 발표회 진행

입학사정관 평가

"언어학습을 교육의 맥락에서 접근하며, 철학·문학적 통합사고력이 돋보임."

합격 사례 B

항목	내용
대학	**경희대학교**
전형명	네오르네상스
내신	2.3대
포인트	- 『방법서설』 독서 후 '이성 중심 교육철학' 보고서 작성 - 교과 세특: '의사소통 중심 불어교육 방안' 탐구 - 자율활동: 프랑스어 문화 행사 기획 및 홍보 담당

입학사정관 평가

"문학·철학·교육을 융합하여 탐구하는 태도가 우수하며, 표현력과 교육 역량이 높게 평가됨."

불합격 사례 A

항목	내용
대학	**성균관대학교**
전형명	계열적합형
내신	2.8대
약점 요인	- 감상 중심 활동 - 교과 세특의 전공 관련성 부족 - 산출물(보고서·발표자료) 부재

입학사정관 평가

"감수성은 높지만, 전공탐구로 이어지는 구조적 탐구가 부족함."

불합격 사례 B

항목	내용
대학	동국대학교
전형명	DoDream
내신	3.0대
약점 요인	- 활동은 다양하나 주제가 산발적 - 자율활동 연계 부족 - 전공 관련 키워드(불어교육, 문학, 문화) 부족

입학사정관 평가

"활동량은 많지만, 학문적 연계성과 교육적 관점의 일관성이 떨어짐."

입학사정관이 말하는 합불 포인트 요약

항목	합격생의 특징	불합격생의 문제점
세특 구성	언어·교육·문화 융합형 탐구 중심	감상 중심, 교육 관련성 부족
탐구 주제	프랑스어교육의 철학적·문학적 접근	단편적 주제, 논리 구조 미흡
연계성	교과–자율–독서 간 일관된 흐름	활동 단절, 주제 분산
결과물	보고서·발표·행사 산출물 존재	산출물 부재, 실천성 부족

추천 도서

- 『보바리 부인』 (귀스타브 플로베르, 문예출판사)
- 『고도를 기다리며』 (사뮈엘 베케트, 민음사)
- 『방법서설』 (르네 데카르트, 문예출판사)
- 『인간의 조건』 (앙드레 말로, 홍신문화사)
- 『이방인』 (알베르 카뮈, 민음사)
- 『어린왕자』 (생텍쥐페리, 더스토리)
- 『적과 흑』 (스탕달, 민음사)
- 『좁은 문』 (앙드레 지드, 열린책들)
- 『파리의 노트르담』 (빅토르 위고, 민음사)
- 『똑같은 것은 싫다』 (조홍식, 창비)

사회교육과

세상을 읽는 눈을 뜨게 하라

사회과 교사는 학생들이 살아가는 세상을 이해하고, 민주 시민으로서 올바른 판단을 내리도록 돕습니다. 사회 구조, 역사의 흐름, 공간의 의미를 교육적으로 풀어내야 합니다.

사회교육과 개요

계열	사범대학 / 사회과교육계열
학과 특징	사회 현상에 대한 이해를 바탕으로, 지리·역사·정치·경제 등 다양한 사회 영역을 종합적으로 탐구하며 사회과 수업을 설계하고 지도할 수 있는 교사를 양성하는 학문
이런 학생에게 적합	- 사회문제와 제도적 해결 방안에 관심이 많은 학생 - 토론·토의 중심 학습을 즐기며 공정한 사회를 만들고 싶은 학생 - 시민교육과 사회변화를 가르치는 교사가 되고자 하는 학생
인재상 키워드	사회이해력 / 교육철학 / 공공의식 / 비판적 사고 / 민주 시민성
필요 역량	통합적 사고력 + 사회과 분석력 + 토론·소통 능력 + 교육 설계력

교과 연계 전략

과목별 연계 키워드

과목	핵심 키워드
국어	논증적 글쓰기, 토론, 시사논평, 담화 분석
사회	정치, 경제, 지리, 사회문화, 시민사회, 공공정책
역사	한국사, 세계사, 근현대사, 시민운동사
수학	통계, 사회지표 분석, 사회조사방법론
과학	환경정책, 에너지문제, 과학기술과 사회
교육학	교수학습이론, 사회과교육론, 평가방법, 수업설계

졸업 후 진로

분야	직업 예시
교육	중·고등학교 사회교사, 사회교육 연구원, 교과서 집필자
공공	행정직 공무원, 시민단체 활동가, 사회정책 분석가
언론·문화	기자, 콘텐츠 기획자, 토론 프로그램 작가
연구·학술	사회학자, 정치학자, 사회과 교육과정 연구자

학과 개설 주요 대학

인서울 주요 대학	서울대학교 · 고려대학교 · 연세대학교 · 한양대학교 · 성균관대학교 · 이화여자대학교 · 경희대학교 · 중앙대학교 · 건국대학교 · 동국대학교 · 홍익대학교
지방 주요 대학	부산대학교 · 충남대학교 · 경북대학교 · 전남대학교 · 조선대학교

세특 키워드 활용 전략

탐구 주제 예시

✓ 「청소년 시민의식 함양을 위한 사회과 수업 방안 연구」

✓ 「공정한 사회의 의미와 분배 정의에 대한 토론 활동」

✓ 「환경 문제를 주제로 한 통합사회 교육 설계」

✓ 「지리와 역사교육의 융합 수업 적용 사례 연구」

✓ 「현대 민주주의의 한계와 시민참여 교육의 방향」

융합 탐구 예시

✓ 사회+교육학: 「민주시민교육의 실제 수업 설계」

✓ 사회+과학: 「지속가능발전을 주제로 한 통합사회 교육」

✓ 국어+사회: 「시사 칼럼 분석을 통한 비판적 사고 기르기」

활동 유형	예시 주제
교과 심화탐구	- 「정의로운 사회란 무엇인가?」 토론 수업 - 「환경 문제와 지속가능 발전」 수업 설계 - 「시민의 권리와 의무」 주제의 사회과 수업 지도안 작성
융합형 탐구	- 「지리·역사·정치 통합형 수업 모형 연구」 - 「경제 불평등 문제를 주제로 한 수업 시뮬레이션」
문화탐구형	- 「민주주의 발전 과정에서 교육의 역할」 - 「사회참여형 청소년 문화 프로젝트」
진로 연계 활동	- 자율동아리: '사회탐구 수업 연구회' 운영 - 사회교과서 개선안 발표- '시민교육 캠프' 기획 참여
창의활동 연계	- '사회교육의 날' 행사 기획 - 사회문제 카드뉴스 제작 - 토론대회 사회자 및 운영 실습

합격 사례 A

항목	내용
대학	고려대학교
전형명	학업우수형
내신	2.0대
포인트	- 『정의란 무엇인가』 독서 후 '공정한 사회의 조건' 발표 - 사회 세특: '분배 정의' 토론 수업 주도 - 자율활동: '청소년 정책 모의국회' 참가

입학사정관 평가

"시사 이슈를 비판적으로 분석하고, 이를 교육적 관점에서 재해석하는 역량이 우수함."

합격 사례 B

항목	내용
대학	이화여자대학교
전형명	미래인재형
내신	2.4대
포인트	- 『자본주의와 현대사회이론』 독서 후 사회불평등 보고서 작성 - 사회탐구 동아리 운영 및 '청소년 인권교육' 발표 - 사회과 수업 지도안 설계 프로젝트 참여

입학사정관 평가

"탐구 중심의 활동과 사회교육의 가치 이해가 뛰어나며, 교육 실천력이 돋보임."

불합격 사례 A

항목	내용
대학	경희대학교
전형명	네오르네상스
내신	2.8대
약점 요인	- 단순 사회문제 나열 중심 - 교육적 접근 미흡 - 교과 세특 간 주제 연계성 부족

입학사정관 평가

"문제의식은 있으나 교육적 분석 구조와 결과물이 부족함."

불합격 사례 B

항목	내용
대학	**동국대학교**
전형명	DoDream
내신	3.0대
약점 요인	- 탐구활동이 이론 중심으로 한정 - 실천형 프로젝트 부재 - 전공 관련 주제 일관성 약함

입학사정관 평가

"활동의 양은 많지만, 교육현장에의 적용 가능성과 학문적 통합성이 부족함."

입학사정관이 말하는 합불 포인트 요약

항목	합격생의 특징	불합격생의 문제점
세특 구성	사회이슈를 교육적으로 분석한 활동 중심	시사·감상 위주로 깊이 부족
탐구 주제	사회문제+교육적 해결 방안 탐색	주제 산만, 분석 부재
연계성	교과–자율–독서의 흐름 일관	활동 단절, 주제 불일치
결과물	수업설계안, 보고서, 토론 산출물	수행평가 기록에 한정

추천 도서

- 『청소년을 위한 국부론』 (김수행, 두리미디어)
- 『시민정부론』 (존 로크, 다락원)
- 『정치학』 (아리스토텔레스, 숲)
- 『자본주의와 현대사회이론』 (앤서니 기든스, 한길사)
- 『계몽의 변증법』 (T.W. 아도르노 외, 문학과지성사)
- 『성장 없는 번영』 (팀 잭슨, 착한책가게)
- 『현대사회학』 (앤서니 기든스 외, 을유문화사)
- 『다르게 사는 사람들』 (윤수종, 이학사)
- 『스무 살의 사회학』 (랠프 페브르 외, 민음사)
- 『정의란 무엇인가』 (마이클 샌델, 와이즈베리)

올바른 역사관으로 미래를 여는 나침반

역사 교사는 죽은 과거를 가르치는 사람이 아닙니다. 과거의 사실을 통해 현재를 이해하고 미래를 통찰하는 힘, 즉 '역사적 사고력'을 길러주는 전문가입니다. 사료를 비판적으로 읽고 다양한 관점에서 해석하는 능력이 필수입니다.

역사교육과 개요

계열	사범대학 / 사회과교육계열
학과 특징	과거의 사실을 탐구하고 현재의 사회문제를 역사적 시각으로 분석하여, 이를 교육적 관점에서 가르치는 능력을 기르는 학문. '과거의 이해를 통한 미래의 통찰'을 중시하며, 인문학과 사회과학의 융합적 성격의 학과
이런 학생에게 적합	- 역사적 사실을 분석하고 사회 변화의 원인을 탐구하는 것을 좋아하는 학생 - 스토리텔링과 토론 중심 학습을 선호하는 학생 - 교사로서 역사적 사고력과 시민의식을 길러주고자 하는 학생
인재상 키워드	역사적 사고력 / 비판적 분석력 / 교육소통력 / 탐구심 / 윤리적 성찰
필요 역량	역사 분석력 + 교육 설계력 + 자료 탐색력 + 사회비판적 사고력

교과 연계 전략

과목별 연계 키워드

과목	핵심 키워드
국어	논설문, 고전 읽기, 사료 해석, 서사 구조
사회	정치·경제·지리·문화사, 시민교육, 사회구조
역사	시대 구분, 사료 분석, 역사서술, 동서 비교사
윤리	사상사, 인문철학, 동서양 가치관
교육학	교수학습이론, 교육심리, 평가와 피드백
기타	세계사·한국사 비교, 역사와 문화콘텐츠, 시민교육론

졸업 후 진로

분야	직업 예시
교육	중·고등학교 역사교사, 역사교육 연구원, 교과서 집필자
연구	역사학자, 사학연구원, 문화재전문가
공공	문화정책기획자, 기록연구사, 문화재청 공무원
콘텐츠	역사 다큐 작가, 역사전문 해설사, 박물관·기록관 연구사

학과 개설 주요 대학

인서울 주요 대학	서울대학교 · 고려대학교 · 연세대학교 · 한양대학교 · 성균관대학교 · 이화여자대학교 · 경희대학교 · 동국대학교 · 건국대학교 · 홍익대학교
지방 주요 대학	부산대학교 · 충남대학교 · 전남대학교 · 경북대학교 · 조선대학교

세특 키워드 활용 전략

탐구 주제 예시

✓ 「조선시대 사회개혁론과 근대 개혁사상의 비교」

✓ 「세계대전 이후 국제질서의 변화와 교과교육적 시사점」

✓ 「한국 민주화운동의 역사적 의미와 시민교육적 가치」

✓ 「E. H. 카의 '역사란 무엇인가'의 교육적 해석」

✓ 「역사적 사실과 해석의 관계에 대한 철학적 접근」

융합 탐구 예시

✓ 역사+사회: 「지리·경제 요인이 역사에 미친 영향」

✓ 역사+교육학: 「역사 수업에서의 비판적 사고력 평가 방안」

✓ 역사+과학: 「산업혁명과 과학기술 발전의 사회사적 영향」

활동 유형	예시 주제
교과 심화탐구	- 「한국 근현대사의 시민운동사 탐구」 - 「고대와 현대의 리더십 비교」 - 「산업혁명과 계급구조의 변동」
융합형 탐구	- 「역사와 철학: 역사적 사실과 해석의 관계」 - 「지리·경제 요인이 역사적 사건에 미친 영향」
문화탐구형	- 「역사적 인물의 리더십과 교육철학」 - 「문화재 복원 사례를 통한 역사교육의 의미」
진로 연계 활동	- 자율동아리: '역사교육 연구회' 운영 - 역사 수업 시뮬레이션 및 지도안 작성 - 박물관 현장학습 후 발표회 진행
창의활동 연계	- '역사교육의 날' 기획 - '역사 속 인물 탐구 포스터' 전시 - 『역사란 무엇인가』 독서토론회 개최

**대학별 합격 /
불합격 사례
비교 분석**

합격 사례 A

항목	내용
대학	서울대학교
전형명	일반전형(사범대학)
내신	1.8대
포인트	- 『역사란 무엇인가』 독서 후 '사실과 해석의 관계' 발표 - 세특: '역사수업의 비판적 사고력 향상 방안' 보고서 작성 - 자율활동: 모의 역사수업 시연 및 교재 제작

입학사정관 평가

"역사적 사고와 교육적 접근을 균형 있게 수행하며, 주제의식이 명확함."

합격 사례 B

항목	내용
대학	이화여자대학교
전형명	미래인재형
내신	2.3대
포인트	- 『교실 밖 국사여행』 독서 후 체험형 역사수업 기획 - 사회 세특: '민주주의 발달사와 시민의식' 발표 - 자율활동: '역사교육의 가치' 세미나 기획 및 운영

입학사정관 평가

"역사와 교육의 통합적 접근이 뛰어나며, 현장 중심 사고가 인상적임."

불합격 사례 A

항목	내용
대학	성균관대학교
전형명	계열적합형
내신	2.8대
약점 요인	- 단순 시대별 요약 위주의 활동 - 교과 세특에 전공 관련 키워드 부족 - 탐구보고서 부재

입학사정관 평가

"기초 이해는 있으나 학문적 분석력과 교육적 시각이 부족함."

불합격 사례 B

항목	내용
대학	경희대학교
전형명	네오르네상스
내신	3.0대
약점 요인	- 탐구활동의 일관성 부족 - 자율활동 중심이나 주제 산발 - 산출물·결과물 부족

입학사정관 평가

"활동의 양은 충분하나, 전공적 사고와 탐구의 깊이가 부족함."

 입학사정관이 말하는 **합불 포인트 요약**

항목	합격생의 특징	불합격생의 문제점
세특 구성	역사·교육 융합형 탐구 구성	단편적 시대 요약 중심
탐구 주제	역사적 해석과 교육의 연결 탐구	주제 산만, 분석 부족
연계성	교과–자율–독서 간 일관성 유지	활동 단절, 결과물 미비
결과물	보고서, 수업지도안, 토론발표자료 존재	탐구과정 단순 나열형

추천 도서

- 『역사란 무엇인가』 (E. H. 카, 까치)
- 『한국사의 재조명』 (고려대학교 한국사연구실, 고려대출판부)
- 『역사교육의 입론과 구상』 (양호환, 책과함께)
- 『청소년을 위한 세계사: 서양편』 (이강무, 휴머니스트)
- 『교실 밖 국사여행』 (역사학연구소, 사계절)
- 『헤로도토스의 역사』 (헤로도토스, 동서문화사)
- 『역사, 무엇을 어떻게 가르칠까』 (전국역사교사모임, 휴머니스트)
- 『청소년을 위한 한국사』 (백유선 외, 휴머니스트)
- 『삼국사기』 (김부식, 타임기획)
- 『동양사개론』 (신채식, 삼영사)

지리교육과

지리 교사는 지도를 보는 법을 넘어, 인간과 자연이 어우러져 살아가는 공간의 이치를 가르칩니다. 기후 위기, 도시 문제, 지역 격차 등 현대 사회의 복잡한 이슈를 공간적 관점에서 해결하는 시민을 기릅니다.

지리교육과 개요

계열	사범대학 / 사회과교육계열
학과 특징	지리교육과는 지구 공간 속 인간의 삶과 환경, 지역 간 상호작용을 탐구하며 이를 교육 현장에서 지도할 수 있는 교사를 양성하는 학문으로, 물리적·인문적 환경을 통합적으로 이해하고, 공간적 사고를 교육적으로 전달하는 능력을 기르는 학과
이런 학생에게 적합	- 공간 정보와 지역 문제를 분석하는 데 관심이 많은 학생 - 환경, 기후, 도시, 문화, 인구 등 지리 현상을 종합적으로 이해하고 싶은 학생 - 사회적 이슈를 교육적 관점에서 재구성할 수 있는 학생
인재상 키워드	공간적 사고력 / 환경 감수성 / 교육설계력 / 분석력 / 통합사고
필요 역량	지리 지식 + 공간 분석력 + 교육적 표현력 + 사회문제 해결 능력

교과 연계 전략

과목별 연계 키워드

과목	핵심 키워드
국어	논리적 글쓰기, 지역문제 논술, 설명문, 시사논평
사회	경제지리, 도시와 인구, 자원 분포, 지역 불균형
한국지리	기후, 산업, 농업, 인구, 국토계획, 지역발전
세계지리	지역 간 상호의존, 글로벌 이슈, 기후변화, 지정학
과학	기후 시스템, 지형학, 환경문제, 에너지자원
교육학	교수학습이론, 지리교과교육론, 교육심리

졸업 후 진로

분야	직업 예시
교육	중·고등학교 지리교사, 교육연구원, 교과서 집필자
공공	국토연구원, 기상청, 환경부, 도시계획 관련 공무원
산업	GIS 전문가, 도시·환경 컨설턴트, 지역개발 연구원
연구	대학원 진학, 지리교육학자, 지리정보학 연구자

학과 개설 주요 대학

인서울 주요 대학	서울대학교 · 고려대학교 · 연세대학교 · 성균관대학교 · 한양대학교 · 이화여자대학교 · 경희대학교 · 서울시립대학교 · 건국대학교 · 동국대학교 · 홍익대학교
지방 주요 대학	부산대학교 · 충남대학교 · 경북대학교 · 전남대학교 · 조선대학교

세특 키워드 활용 전략

탐구 주제 예시

✓ 「기후 변화가 인구 이동에 미치는 영향」

✓ 「도시화와 환경오염의 상관관계 분석」

✓ 「산업입지 이론을 통한 지역경제 성장 요인 탐구」

✓ 「지리교육을 통한 지속가능한 발전 교육 방향」

✓ 「공간정보(GIS)를 활용한 지역 불평등 지도 제작」

융합 탐구 예시

✓ 사회+지리: 「지리적 요인에 따른 경제 발전 불균형」

✓ 지리+과학: 「자연재해 대응을 위한 공간데이터 활용」

✓ 지리+교육학: 「GIS 기반 수업모형 개발 및 적용 방안」

활동 유형	예시 주제
교과 심화탐구	- 「기후변화와 인간 생활양식의 변화」 - 「산업 입지 요인을 통한 도시 성장 분석」 - 「지역 불평등 해소를 위한 공간정책 연구」
융합형 탐구	- 「자연지리와 인문지리의 융합적 접근」 - 「지리 정보기술(GIS)과 환경 교육」
문화탐구형	- 「지역문화와 관광산업의 관계」 - 「도시의 역사적 성장과 문화유산 분포」
진로 연계 활동	- 자율동아리: '지리탐구 연구회' 운영 - 교내 기후 변화 데이터 분석 프로젝트 - 지리교과 모의 수업 설계 및 지도안 작성
창의활동 연계	- '지리의 날' 행사 기획 - 국토발전 아이디어 공모전 참여 - '우리 지역 발전 전략 보고서' 제작

합격 사례 A

항목	내용
대학	서울대학교
전형명	일반전형(사범대학)
내신	1.9대
포인트	- 『분노의 지리학』 독서 후 '지리와 정의' 주제 보고서 작성 - 교과 세특: '지속가능한 발전과 환경정책' 분석 발표 - 자율활동: 지역 불평등 해소 방안 모의 정책 제안

입학사정관 평가

"공간적 사고와 사회문제 분석력이 우수하며, 교육 적용 가능성이 높음."

합격 사례 B

항목	내용
대학	이화여자대학교
전형명	미래인재형
내신	2.3대
포인트	- 『인문지리학의 시선』 독서 후 '도시 공간의 사회적 의미' 탐구 - 자율활동: '기후위기 교육 포스터' 제작 및 전시 - 진로활동: 지리교육 세미나 및 수업 설계 참여

입학사정관 평가

"학문적 탐구와 교육 실천의 균형이 돋보이며, 지리교사로서의 성장 잠재력이 높음."

불합격 사례 A

항목	내용
대학	성균관대학교
전형명	계열적합형
내신	2.8대
약점 요인	- 지리 관련 탐구보다 단순 지역 소개 중심 - 교과 세특 내 전공 연계 미흡 - 산출물 부족

입학사정관 평가

"활동은 풍부하나 전공 탐구의 구조화 부족."

항목	내용
대학	경희대학교
전형명	네오르네상스
내신	3.0대
약점 요인	- 탐구활동의 연계성 부족 - 결과물(보고서·지도안) 부재 - 주제 일관성 약함

입학사정관 평가

"탐구의 깊이는 있으나 학문적 연결성과 교육적 실천성이 부족함."

입학사정관이 말하는 합불 포인트 요약

항목	합격생의 특징	불합격생의 문제점
세특 구성	지리+사회+교육 융합형 탐구 중심	단순 감상 중심, 주제 불일치
탐구 주제	공간 문제와 교육적 해결 방안 탐색	구체적 근거 부족
연계성	교과–자율–독서의 흐름 일관	활동 단절, 연계 미흡
결과물	보고서·지도안·분석자료 산출	탐구 기록 중심, 실천 부족

추천 도서

- 『살아있는 지리 교과서』 (전국지리교사연합회, 휴머니스트)
- 『르몽드 세계사』 (르몽드 디플로마티크, 휴머니스트)
- 『앵글 속 지리학』 (손일, 푸른길)
- 『분노의 지리학』 (하름 데 블레이, 천지인)
- 『우리 자연 우리의 삶』 (권혁재, 법문사)
- 『경제지리학』 (이희연, 법문사)
- 『남기고 싶은 우리의 지리 이야기』 (권혁재, 산악문화)
- 『인문지리학의 시선』 (전종한 외, 사회평론아카데미)
- 『한국지리 이야기』 (권동희, 한울)
- 『지리, 세상에 날다』 (전국지리교사연합회, 서해문집)

영어교육과

글로벌 소통의 문을 여는 코치

영어 교사는 문법 지식 전달자가 아니라 의사소통의 코치입니다. 학생들이 영어를 두려워하지 않고 세계와 소통할 수 있도록 돕는 실용적이고 창의적인 교수법이 필요합니다.

영어교육과 개요

계열	**사범대학 / 외국어교육계열**
학과 특징	영어의 언어구조·문화·문학·교수법을 연구하며, 영어교육의 전문성과 교육현장 실습 역량을 동시에 기르는 학문으로 언어 습득 이론을 토대로 학생 중심의 영어 수업을 설계하고, 언어·사고·문화 간의 연결을 중시
이런 학생에게 적합	- 영어를 매개로 학생들과 소통하고 가르치고 싶은 학생 - 언어의 구조와 표현, 문화의 다양성에 관심이 많은 학생 - 글로벌 감각과 교육적 소명의식을 함께 키우고 싶은 학생
인재상 키워드	언어 감수성 / 교육적 사고력 / 논리적 소통력 / 글로벌 시민의식
필요 역량	영어 구사력 + 문법 분석력 + 수업 설계력 + 교육적 표현력

교과 연계 전략

과목별 연계 키워드

과목	핵심 키워드
국어	화법과 작문, 글쓰기, 독서 지도, 언어와 사고
영어	영어 문법, 영어구문교육론, 언어습득, 영어교수법
사회	다문화 사회, 세계시민교육, 문화 간 소통
수학	언어 패턴의 구조, 논리적 사고, 평가 기준
교육학	학습이론, 교육철학, 수업모형, 평가방법
기타	영미문화사, 영어문학, 토론·발표 역량, 글로벌 감각

졸업 후 진로

분야	직업 예시
교육	중·고등학교 영어교사, 영어교육 연구원, 교재개발자
언어·문화	통·번역가, 출판기획자, 콘텐츠 작가
국제·공공	외교관, 국제회의 통역사, 문화원 직원
연구	언어학자, 영어교육학 교수, 언어평가 전문가

학과 개설 주요 대학

인서울 주요 대학
서울대학교 고려대학교 · 연세대학교 · 서강대학교 · 성균관대학교 · 한양대학교 · 이화여자대학교 · 경희대학교 · 건국대학교 · 동국대학교 · 홍익대학교 · 중앙대학교 · 서울시립대학교

지방 주요 대학
부산대학교 · 전남대학교 · 충남대학교 · 경북대학교 등

세특 키워드 활용 전략

탐구 주제 예시

✓ 「학습자 중심 영어수업 설계와 피드백 방법」

✓ 「AI 번역기 시대, 인간 교사의 영어교육적 역할」

✓ 「영어 문법 지도에서 오류 수정 피드백의 효과 분석」

✓ 「문화 간 커뮤니케이션 교육을 통한 다양성 이해」

✓ 「한국과 영미문화의 언어 표현 차이에 따른 오해 사례 분석」

융합 탐구 예시

✓ 영어+교육학: 「학생 주도형 영어토론 수업 설계 연구」

✓ 영어+심리학: 「언어 불안이 학습 참여도에 미치는 영향」

✓ 영어+사회: 「세계시민교육에서의 영어의 역할」

활동 유형	예시 주제
교과 심화탐구	- 『셰익스피어 비극』에 나타난 인간 심리의 언어적 표현 - 『에밀』을 통해 본 학습자 중심 영어교육의 철학 - 『엠마』의 문체적 특징과 사회언어학적 의미 분석
융합형 탐구	- 「AI 번역기와 영어교사의 공존 가능성」 - 「영어 교육에서의 감정 코칭과 피드백」
문화탐구형	- 「영국과 한국의 수업문화 비교」 - 「영미권 청소년문학의 주제와 언어적 특징」
진로 연계 활동	- 자율동아리: 영어교육 세미나 운영 및 모의수업 시연 - 영어신문 기사 번역 및 발표 - 교육봉사활동에서 피드백 실습 수행
창의활동 연계	- '영어교육 체험의 날' 행사 기획 - 영어 수업지도안 제작 및 발표대회 참여 - 교내 영어 토론대회 사회 및 운영 주도

합격 사례 A

항목	내용
대학	서울대학교
전형명	일반전형(사범대학)
내신	1.8대
포인트	- 『에밀』 독서 후 '교육철학과 학습자 중심 수업' 보고서 작성 - 세특: 영어수업 설계 및 피드백 활동 수행 - 자율활동: 영어토론 수업 시연 및 교재 제작

입학사정관 평가

"언어교육에 대한 철학적 이해와 실천 경험이 균형을 이룸."

합격 사례 B

항목	내용
대학	**이화여자대학교**
전형명	미래인재형
내신	2.2대
포인트	- 『월든』을 통해 자기주도학습과 교육의 본질 탐구 - '학생 중심 영어수업' 주제로 모의수업 발표 - 영어교육 동아리 리더로 수업 콘텐츠 제작

입학사정관 평가

"교육 실천 중심 탐구로 교직 적성과 학문적 사고력을 동시에 보여줌."

불합격 사례 A

항목	내용
대학	**성균관대학교**
전형명	계열적합형
내신	2.9대
약점 요인	- 영어 감상 위주 활동 - 교수학습 관련 탐구 부재 - 결과물(보고서·지도안) 부족

입학사정관 평가

"언어 감수성은 좋으나 교육적 구조화가 미흡함."

불합격 사례 B

항목	내용
대학	**동국대학교**
전형명	DoDream
내신	3.0대
약점 요인	- 활동 주제 일관성 부족 - 교육과정 설계형 활동 부재 - 산출물 중심 기록 없음

입학사정관 평가

"활동의 양은 많으나 교직 역량으로 연결되지 않음."

입학사정관이 말하는 합불 포인트 요약

항목	합격생의 특징	불합격생의 문제점
세특 구성	영어·교육 융합형 탐구 중심	감상 중심 활동
탐구 주제	언어·교육·문화의 통합적 사고	주제 단편적, 연계 부족
연계성	교과–자율–독서–활동 일관성 유지	단절적 활동, 결과물 미흡
결과물	수업지도안, 보고서, 발표자료 존재	산출물 부재, 기술형 탐구

추천 도서

- 『그리스 로마 신화』 (토마스 불핀치, 부크크)
- 『월든』 (헨리 데이비드 소로우, 은행나무)
- 『불안』 (알랭 드 보통, 은행나무)
- 『영국, 바꾸지 않아도 행복한 나라』 (전원경 외, 책읽는고양이)
- 『셰익스피어: 독백과 대사』 (송옥, 동인)
- 『엠마』 (제인 오스틴, 부크크)
- 『에밀』 (장 자크 루소, 돋을새김)
- 『이야기 영국사』 (김현수, 청아출판사)
- 『영미문학의 길잡이』 (영미문학연구회, 창작과 비평사)
- 『사랑으로 매긴 성적표』 (이상석, 양철북)

유아교육과

생애 첫 선생님, 놀이로 세상을 가르치다

유아교육과는 아이들을 돌보는 것을 넘어, 인간 발달의 결정적 시기를 책임지는 전문 영역입니다. 놀이가 곧 학습이라는 이해와 아이들에 대한 무한한 애정, 그리고 발달 심리에 대한 전문 지식이 필요합니다.

유아교육과 개요

계열	사범대학 / 교육학계열
학과 특징	유아교육과는 유아의 전인적 발달을 위해 심리학·교육학·사회학을 바탕으로 교육이론과 실제 교수법을 학습하는 학문으로, 놀이 중심 교육과 발달단계별 학습지도, 교사의 철학과 윤리의식을 함께 기르는 것을 목표
이런 학생에게 적합	- 아이들과 함께 성장하고 싶은 학생 - 인간의 발달과 학습, 교육환경에 관심이 많은 학생 - 교육현장에서 창의적이고 감성적인 수업을 설계하고 싶은 학생
인재상 키워드	아동이해 / 교육철학 / 창의적 교수법 / 발달심리 / 공감능력
필요 역량	유아발달 이해력 + 교육실천력 + 의사소통능력 + 정서적 공감력

교과 연계 전략

과목별 연계 키워드

과목	핵심 키워드
국어	동화, 스토리텔링, 말하기·듣기, 의사소통, 표현력
사회	가족, 공동체, 인권, 복지, 다양성, 사회화
과학	인간의 발달, 두뇌와 학습, 환경교육
기술·가정	아동발달, 가족관계, 진로, 소비와 윤리
예체능	놀이, 감정 표현, 유아 창의활동, 미술·음악교육
교육학	교육심리, 교육철학, 유아교육론, 교수학습이론

졸업 후 진로

분야	직업 예시
교육	유치원 교사, 어린이집 원장, 교육연구원, 교재개발자
공공	교육청·보육청 정책연구원, 공립유치원 교사
복지	아동상담사, 보육전문가, 특수교육 교사
문화·콘텐츠	아동도서 기획자, 교육콘텐츠 디자이너, 놀이치료사

학과 개설 주요 대학

인서울 주요 대학	서울대학교 · 고려대학교 · 연세대학교 · 이화여자대학교 · 성균관대학교 · 한양대학교 · 경희대학교 · 건국대학교 · 중앙대학교 · 동국대학교 · 서울시립대학교
지방 주요 대학	부산대학교 · 충남대학교 · 전남대학교 · 경북대학교 · 조선대학교

세특 키워드 활용 전략

탐구 주제 예시

✓ 「놀이 중심 유아교육의 발달심리학적 근거」

✓ 「루소의 『에밀』을 통해 본 유아교육의 철학」

✓ 「유아의 언어발달과 그림책 읽기의 상관관계」

✓ 「감정코칭이 유아의 사회성 발달에 미치는 영향」

✓ 「유아교육 현장에서의 교사 역할과 리더십」

융합 탐구 예시

✓ 교육+심리: 「유아의 정서조절능력 향상을 위한 교사 언어사용 분석」

✓ 교육+철학: 「프뢰벨과 듀이의 교육철학 비교」

✓ 교육+사회: 「다문화 가정 유아의 언어·정체성 발달 지원 방안」

활동 유형	예시 주제
교과 심화탐구	- 『놀이로 자라는 유치원』을 통해 본 놀이 중심 교육의 의미 - 『에밀』 분석을 통한 아동 중심 교육의 철학 - 『유아를 위한 손끝놀이 활동』 기반 유아 창의활동 연구
융합형 탐구	- 「유아발달 단계별 교수학습 전략」 - 「유아교육과 뇌과학의 만남: 학습 효과 연구」
문화탐구형	- 「세계 유아교육제도의 비교」 - 「한국 유치원 교육과정의 변화와 방향」
진로 연계 활동	- 자율동아리: '유아교육 연구회' 운영 - 유아 대상 놀이 프로그램 기획 - 모의 수업 및 교재 제작 실습
창의활동 연계	- '유아의 날' 행사 기획 및 발표 - 유아 그림책 만들기 프로젝트 - 부모교육 포스터 전시회 진행

합격 사례 A

항목	내용
대학	이화여자대학교
전형명	미래인재형
내신	2.0대
포인트	- 『놀이로 자라는 유치원』 독서 후 '놀이의 교육적 가치' 발표 - 교육심리 세특: '유아의 사회성 발달과 교사 피드백' 연구 - 자율활동: '유치원 교사 체험 프로젝트' 운영

입학사정관 평가

"아동 발달과 교수학습을 융합적으로 탐구하며, 교직 적성과 교육적 감수성이 우수함."

합격 사례 B

항목	내용
대학	연세대학교
전형명	활동우수형
내신	1.8대
포인트	- 『인간의 교육』 독서 후 프뢰벨 교육철학 분석 - 교과 세특: '유아의 창의적 사고를 기르는 수업 설계' 수행 - 자율활동: 유아발달 실험 보고서 발표

입학사정관 평가

"발달심리와 교육이론의 통합적 이해를 바탕으로 교육자로서 성장 가능성이 뚜렷함."

불합격 사례 A

항목	내용
대학	건국대학교
전형명	자기추천
내신	2.9대
약점 요인	- 단순 독서 감상 중심 활동 - 세특 내 전공 관련 용어 부족 - 산출물(보고서, 발표자료) 부재

입학사정관 평가

"감상 위주 탐구로 전공 학문적 탐색이 약함."

불합격 사례 B

항목	내용
대학	경희대학교
전형명	네오르네상스
내신	3.1대
약점 요인	- 주제 일관성 부족 - 자율활동 중심으로 교과 연계 미흡 - 탐구결과물 부재

입학사정관 평가

"활동의 양은 충분하나 유아교육학적 접근이 부족함."

입학사정관이 말하는 합불 포인트 요약

항목	합격생의 특징	불합격생의 문제점
세특 구성	발달·놀이·교육의 통합형 탐구	감상 중심, 교육 연결성 약함
탐구 주제	유아발달·교수법·교육철학 기반 탐구	단편적 주제, 심화 부족
연계성	교과−자율−독서 간 일관된 흐름	활동 단절, 주제 불일치
결과물	보고서·수업안·교재제작 등 산출물 존재	산출물 부재, 탐구결과 미흡

추천 도서

- 『놀이로 자라는 유치원』 (이정희 외, 기역)
- 『유아교사 365 세트』 (북스카우트)
- 『유아를 위한 손끝놀이 활동』 (이병희, 공동체)
- 『우리가 꿈꾸는 아름다운 학교』 (김신일, 교육과학사)
- 『에밀』 (장 자크 루소, 돋을새김)
- 『모리와 함께한 화요일』 (미치 앨봄, 살림)
- 『인간의 교육』 (프리드리히 프뢰벨, 지식을만드는지식)
- 『아이들의 목소리가 보여!』 (웬디 모스, 한울림스페셜)
- 『프로젝트 수업, 배움을 디자인하다』 (이현정 외, 행복한미래)
- 『신데렐라 천년의 여행』 (주경철, 산처럼)

윤리교육과

올바른 가치관을 심어주는 도덕적 리더

윤리 교사는 학생들의 가치관 형성에 큰 영향을 미칩니다. 철학적 사고를 바탕으로 현대 사회의 복잡한 윤리 문제(생명, 정보, 환경 등)를 판단할 수 있는 도덕적 힘을 길러줘야 합니다.

윤리교육과 개요

계열	사범대학 / 인문사회계열
학과 특징	윤리교육과는 인간의 삶과 사회의 도덕적 문제를 철학적·교육적으로 탐구하여 도덕적 인격과 시민윤리를 함양하는 교육자를 양성하는 학문으로, 동서양 철학과 현대 윤리사상을 교육학적 시각에서 통합적으로 연구
이런 학생에게 적합	- 도덕, 정의, 공동체와 같은 주제에 관심이 많은 학생 - 인간의 삶의 의미와 사회의 가치 문제를 탐구하고자 하는 학생 - 교육을 통해 올바른 인성과 윤리를 전하고 싶은 학생
인재상 키워드	도덕적 판단력 / 비판적 사고 / 공감 능력 / 교육소통력 / 인문학적 사고
필요 역량	철학적 탐구력 + 윤리적 사고력 + 토론·소통 능력 + 교육 실천력

교과 연계 전략

과목별 연계 키워드

과목	핵심 키워드
국어	논리적 글쓰기, 논증, 표현 윤리, 인문학적 사고
사회	시민사회, 정의, 인권, 민주주의, 윤리 문제
윤리와 사상	서양철학, 동양철학, 실존주의, 공리주의, 의무론
한국사/세계사	사상사, 사회변화와 도덕, 인권운동
교육학	도덕교육론, 발달심리, 인성교육, 교육철학
기타	종교와 윤리, 현대사회문제, 생명윤리, 환경윤리

졸업 후 진로

분야	직업 예시
교육	중·고등학교 윤리교사, 인성교육 전문가, 교육연구원
공공	인권위원회, 시민단체 활동가, 청소년상담사
학술	철학자, 윤리학 연구자, 사회사상가
문화·언론	칼럼니스트, 교양 프로그램 기획자, 도덕교육 콘텐츠 제작자

학과 개설 주요 대학

인서울 주요 대학	서울대학교 · 고려대학교 · 연세대학교 · 성균관대학교 · 한양대학교 · 이화여자대학교 · 경희대학교 · 건국대학교 · 동국대학교 · 서울시립대학교 · 홍익대학교
지방 주요 대학	부산대학교 · 충남대학교 · 전남대학교 · 경북대학교 · 조선대학교

세특 키워드 활용 전략

탐구 주제 예시

- ✓ 「공리주의와 칸트의 의무론 비교를 통한 윤리적 판단」
- ✓ 「정의로운 사회의 조건: 마이클 샌델의 관점으로 본 사례 분석」
- ✓ 「도덕적 인간과 비도덕적 사회의 긴장」
- ✓ 「디지털 시대의 윤리적 책임과 인공지능의 한계」
- ✓ 「환경윤리와 지속가능한 공동체의 가치」

융합 탐구 예시

- ✓ 윤리+심리: 「청소년 도덕성 발달과 공감 능력의 관계」
- ✓ 윤리+사회: 「인권교육을 통한 공동체 의식 함양 방안」
- ✓ 윤리+철학: 「자유주의와 공동체주의의 윤리적 논쟁」

활동 유형	예시 주제
교과 심화탐구	- 『니코마코스 윤리학』 속 행복 개념 탐구 - 『정의란 무엇인가』를 통한 분배 정의의 실천적 해석 - 「도덕적 인간과 사회」 주제로 한 비판적 토론 수업
융합형 탐구	- 「AI 기술 발전과 윤리적 책임」 - 「환경윤리교육의 실제 적용 방안」
문화탐구형	- 「동서양 철학자의 인간관 비교」 - 「공동체주의적 삶의 의미」
진로 연계 활동	- 자율동아리: '윤리토론 연구회' 운영 - 모의 수업 설계: '공리주의 vs 의무론' 주제 - 청소년 인권토론회 및 윤리캠프 기획
창의활동 연계	- '도덕의 날' 행사 기획 및 진행 - 윤리적 딜레마 사례 연구 발표회 - 철학 명언 카드뉴스 제작 및 전시

합격 사례 A

항목	내용
대학	서울대학교
전형명	일반전형(사범대학)
내신	1.9대
포인트	- 『도덕적 인간과 비도덕적 사회』 독서 후 '개인과 공동체의 도덕성 비교' 보고서 작성 - 세특: '윤리적 판단과 의사결정' 주제 심화탐구 - 자율활동: 인성교육 프로그램 기획

입학사정관 평가

"윤리적 사고의 폭이 넓고, 도덕적 가치에 대한 철학적 성찰력이 돋보임."

합격 사례 B

항목	내용
대학	이화여자대학교
전형명	미래인재형
내신	2.3대
포인트	- 『이렇게 살아도 괜찮은가』 독서 후 윤리적 소비 보고서 작성 - 사회 세특: '지속가능한 사회를 위한 도덕교육' 주제 발표 - 자율활동: '청소년 윤리교육 개선 방안' 발표회 진행

입학사정관 평가

"현대사회 문제를 도덕교육적 관점에서 구체적으로 탐구한 점이 인상적임."

불합격 사례 A

항목	내용
대학	성균관대학교
전형명	계열적합형
내신	2.8대
약점 요인	- 단순 독서 감상 중심 - 윤리 관련 세특 부족 - 탐구 보고서·산출물 부재

입학사정관 평가

"감상 중심으로 전공 탐구의 구조화 부족."

불합격 사례 B

항목	내용
대학	경희대학교
전형명	네오르네상스
내신	3.0대
약점 요인	- 활동의 일관성 부족 - 자율활동 중심이나 윤리적 탐구 미흡 - 결과물(토론, 보고서) 부재

입학사정관 평가

"활동은 많으나 철학적 사고나 교육적 응용으로 발전되지 않음."

입학사정관이 말하는 합불 포인트 요약

항목	합격생의 특징	불합격생의 문제점
세특 구성	철학·윤리·교육의 융합형 탐구 중심	감상 위주, 분석 부족
탐구 주제	사회윤리·환경윤리 등 현실 적용형	추상적, 주제 일관성 약함
연계성	교과–자율–독서 간 흐름 일관	활동 단절, 산출물 부족
결과물	보고서·토론·행사 등 산출물 존재	단순 활동기록 중심

추천 도서

- 『니코마코스 윤리학』 (아리스토텔레스, 숲)
- 『도덕적 인간과 비도덕적 사회』 (라인홀드 니버, 문예출판사)
- 『이기주의를 위한 변명』 (김시천, 웅진지식하우스)
- 『홉스&로크: 국가를 계약하라』 (문지영, 김영사)
- 『동양철학 에세이』 (김교빈, 동녘)
- 『국가와 권위』 (박효종, 박영사)
- 『우리가 정말 알아야 할 우리 선비』 (정옥자, 현암사)
- 『유배지에서 보낸 정약용의 편지』 (정약용 외, 보물창고)
- 『이렇게 살아도 괜찮은가』 (피터 싱어, 시대의창)
- 『개념과 주제로 본 우리들의 윤리학』 (박찬구, 서광사)

초등교육과

전인적 성장을 돕는 올라운더

초등 교사는 전 과목을 가르치는 멀티플레이어이자, 학생의 인격 형성을 돕는 담임 교사입니다. 폭넓은 교과 지식은 물론, 학급 경영 능력과 학생에 대한 깊은 이해가 필수적입니다.

초등교육과 개요

계열	사범대학 / 교육학계열
학과 특징	초등교육과는 유아기 이후 아동의 인지·정서·사회적 발달을 돕는 교육 전문가를 양성하는 학문으로, 교육심리, 교육방법, 학급경영, 상담 등 폭넓은 교과와 실습을 통해 초등교육의 이론과 실제를 체계적으로 배우는 학과
이런 학생에게 적합	- 어린이의 성장을 돕고 지도하는 일에 보람을 느끼는 학생 - 수업 기획, 발표, 협력에 적극적인 학생 - 교육과 사회문제, 심리학적 접근에 관심이 많은 학생
인재상 키워드	교육열정 / 책임감 / 공감능력 / 창의적 수업설계력 / 협업능력
필요 역량	학습이론 이해력 + 수업설계력 + 언어소통력 + 아동발달 이해력

교과 연계 전략

과목별 연계 키워드

과목	핵심 키워드
국어	의사소통, 표현력, 독서·글쓰기, 문학의 교육적 활용
사회	공동체, 민주주의, 인권, 시민교육
과학	호기심, 탐구력, 실험 설계, 환경과학
수학	논리적 사고, 문제 해결, 학습 지도력
교육학	학습이론, 교육심리, 수업모형, 생활지도
기술·가정 / 예체능	창의활동, 감정 표현, 통합교과 수업

졸업 후 진로

분야	직업 예시
교육	초등학교 교사, 교육연구원, 교육청 행정직, 교과서 개발자
공공	교육정책 담당자, 시민교육 활동가
심리·상담	청소년상담사, 학습코치, 진로상담 전문가
문화·기획	교육콘텐츠 기획자, 에듀테크 개발자, 교육 프로그램 디자이너

학과 개설 주요 대학

국립교육대학	서울교육대학교 · 부산교육대학교 · 대구교육대학교 · 광주교육대학교 · 경인교육대학교 · 춘천교육대학교 · 전주교육대학교 · 공주교육대학교 · 진주교육대학교 · 청주교육대학교 · 제주대학교(교육대학)
사범대학 내 초등교육과 개설 대학	이화여자대학교(사범대학 초등교육과) · 한국교원대학교(초등교육과)

세특 키워드 활용 전략

탐구 주제 예시

✓ 「아동의 발달 단계에 맞는 수업 설계 방안 연구」

✓ 「학급 내 협력학습이 학습 동기에 미치는 영향」

✓ 「놀이 중심 수업과 문제해결력 향상의 관계」

✓ 「교사-학생 관계가 자존감에 미치는 영향」

✓ 「공감 기반 생활지도의 실제 적용 사례 연구」

융합 탐구 예시

✓ 교육+심리: 「학습자의 동기와 자기효능감 연구」

✓ 교육+사회: 「포용적 교육과 인권교육의 실천」

✓ 교육+예술: 「연극놀이를 활용한 창의적 학습 지도」

활동 유형	예시 주제
교과 심화탐구	- 『교실 속 자존감』을 읽고 학급 내 자존감 향상 프로젝트 기획 - 『내공 있는 연극 놀이터』를 통한 창의적 표현 수업 개발 - 『회복적 생활교육』 사례를 바탕으로 생활지도 방안 탐구
융합형 탐구	- 「심리학적 접근을 통한 학생동기 강화 프로그램」 - 「AI 시대 초등교육의 역할」
문화탐구형	- 「다문화 가정 아동의 학습 환경 개선 방안」 - 「해외 초등교육 제도 비교: 캐나다 vs 한국」
진로 연계 활동	- 자율동아리: '교사되기 연구회' 운영 - 수업지도안 제작 실습 - 또래 상담 및 학급 운영 프로젝트
창의활동 연계	- '초등교육 주간' 행사 기획 - '어린이의 권리' 포스터 제작 - '좋은 수업이란 무엇인가' 세미나 개최

합격 사례 A

항목	내용
대학	서울교육대학교
전형명	교직적성·인성면접형 (학생부종합전형)
내신	1.7대
포인트	- 『교실 속 자존감』 독서 후 '학생의 자기효능감 향상을 위한 수업 설계' 보고서 작성 - 교육심리 세특: 학습동기이론 적용 발표 및 사례분석 - 자율활동: 학급운영 시뮬레이션 프로젝트 주도 - 봉사활동: '학습 멘토링 프로그램' 참여 및 아동 관찰 기록 정리

입학사정관 평가

"교사로서의 인성·책임감이 돋보이며, 학습이론을 실제 수업 설계로 발전시킨 점이 탁월함. 학급운영과 학습지도 능력을 통합적으로 보여줌."

합격 사례 B

항목	내용
대학	이화여자대학교 (초등교육과)
전형명	미래인재전형
내신	2.2대
포인트	- 『아이들의 목소리가 보여!』 독서 후 '학생 의견 반영형 수업모델' 발표 - 사회 세특: '다문화 가정 아동의 학습환경 개선방안' 보고서 작성 - 자율활동: '어린이의 권리교육 포스터' 제작 및 발표회 기획 - 봉사활동: 유치원·초등 연계 프로그램 참여

입학사정관 평가

"교육철학과 사회적 감수성이 균형 잡혀 있으며, 수업 설계와 교육 콘텐츠 제작을 연결한 점이 우수함."

합격 사례 C

항목	내용
대학	한국교원대학교
전형명	미래인재전형
내신	1.9대
포인트	- 『회복적 생활교육』을 활용한 '갈등 해결형 학급운영 모델' 제시 - 교육학 세특: '협동학습의 학습동기 강화 효과' 실험 보고서 작성 - 진로활동: 모의 수업 설계 및 피드백 참여 - 독서활동: 『민주주의와 교육』을 통한 교사상 탐구

입학사정관 평가

"교육이론에 대한 이해와 현장 적용력을 고르게 갖추었으며, 교직 적성과 리더십이 뚜렷함."

불합격 사례 A

항목	내용
대학	부산교육대학교
전형명	지역인재전형
내신	2.7대
약점 요인	- '교육 관련 봉사활동' 비중은 많지만, 세특·탐구 주제의 학문적 깊이 부족 - 교과 연계성 미흡 (심리·학습 관련 탐구 부재) - 활동의 방향성이 교직보다는 단순 봉사 중심

입학사정관 평가

"봉사정신은 좋으나, 교육학적 탐구와 교직 전문성이 드러나지 않음."

불합격 사례 B

항목	내용
대학	경인교육대학교
전형명	교직적성·인성면접형
내신	3.0대
약점 요인	- 교과 세특에 전공 관련 키워드(교육심리, 수업설계 등) 부재 - 자율활동과 탐구활동 간 연계성 약함 - 결과물(보고서·발표자료 등) 부족

입학사정관 평가

"활동의 양은 충분하나 교육현장 적용력과 주제 일관성이 약함."

 ## 입학사정관이 말하는 합불 포인트 요약

항목	합격생의 특징	불합격생의 문제점
세특 구성	교육심리·수업설계·학생지도 중심 탐구	활동 중심, 학문적 탐구 부재
탐구 주제	학습·발달·생활지도 융합형	추상적·봉사 중심 접근
연계성	교과–자율–독서 간 일관된 흐름	주제 분산, 방향성 불명확
결과물	보고서·수업안·발표자료·토론 산출물 존재	탐구과정 단순 기술형
태도·역량	교직 소명 의식 + 학생 이해력 + 실천력	관찰형 참여 중심, 자기성찰 부족

 ## 추천 도서

- 『내공 있는 연극 놀이터』 (광주초등교육연극연구회, 시공미디어)
- 『경계선 지능을 가진 아이들』 (장세희 외, 한국학술정보)
- 『대한민국에 이런 학교가 있었어?』 (일지 이승헌, 한문화)
- 『회복적 생활교육을 위한 교실 상담』 (이주영 외, 지식프레임)
- 『캐나다 교육 이야기』 (박진동 외, 양철북)
- 『교사 119 이럴 땐 이렇게』 (송형호 외, 에듀니티)
- 『신학기가 두렵지 않은 차근차근 학급경영』 (장홍월 외, 우리학교)
- 『아이들의 목소리가 보여!』 (웬디 모스, 한울림스페셜)
- 『교실 속 자존감』 (조세핀 김, 비전과리더십)
- 『학생, 학부모, 교사가 함께 성장하는 초등 학부모 상담』 (김연민 외, 푸른칠판)

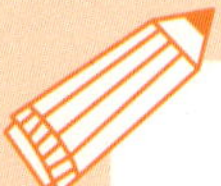

MEMO

법 &
행정학과 계열

법 & 행정학과 계열

국제학과

세계를 무대로 뛰는 글로벌 전략가

국제학과는 단순히 영어를 잘하는 사람을 기르는 곳이 아닙니다. 복잡하게 얽힌 국제 관계 속에서 외교, 경제, 문화적 해법을 찾아내는 글로벌 리더를 양성합니다.

국제학과 개요

계열	법·행정·정치·사회계열
학과 특징	세계화 시대에 국제 관계, 정치, 경제, 문화의 상호작용을 분석하며 국제사회에서 협력과 평화를 이끌어갈 글로벌 인재를 양성하는 학과. 외교·무역·NGO·국제개발 등 다양한 분야로 진출 가능
이런 학생에게 적합	- 글로벌 이슈에 관심이 많고 국제 감각을 갖춘 학생 - 영어 등 외국어 실력과 사회문제에 대한 비판적 사고를 갖춘 학생 - 협상과 소통 능력을 바탕으로 국제적 협력 방안을 제시할 수 있는 학생
인재상 키워드	국제감각 / 외교력 / 분석력 / 소통능력 / 공공성
필요 역량	외국어 구사력 + 사회·정치적 통찰력 + 문제해결력 + 비판적 사고력

추천 도서

- 『한중일 석유전쟁』 (박병구, 한스미디어)
- 『대한민국 신 국부론』 (이찬우, 스마트북스)
- 『앞으로 5년, 한국의 미래 시나리오』 (최윤식, 지식노마드)
- 『셰일 혁명과 미국 없는 세계』 (피터 자이한, 김앤김북스)
- 『르몽드 세계사』 (르몽드 디플로마티크, 휴머니스트)
- 『이슬람의 비극』 (야마우치 마사유키, 한울아카데미)
- 『외교의 시대』 (윤영관, 미지북스)

교과 연계 전략

과목별 연계 키워드

과목	핵심 키워드
국어	토론문, 연설문 분석, 평화선언문 작성, 인권 관련 논설
영어	국제평화, 연설문, 외교정책, 글로벌 협약, 난민 문제
수학	정치통계자료 해석, 확률·통계, 도미노현상, 귀류법
사회	국제관계, 영토분쟁, 문화상대주의, 제국주의, 분리독립
과학	기후변화, 생물다양성 협약, 환경 외교, 신소재 관련 정책
기타	국제기구(NGO·UN), 외교관, 대외원조, 킴벌리 프로세스, 평화외교

진로·진학 연계

졸업 후 진로

분야	직업 예시
외교·국제	외교관, 무역전문가, 국제기구직원(UN, WHO, OECD 등)
국제경영·경제	해외영업원, 국제무역사, 국제개발협력전문가
언론·정치	국제부 기자, 정치분석가, 외교정책 자문관
NGO·공공	국제구호활동가, 공공외교 전문가, 대외협력 담당관

학과 개설 주요 대학

인서울 주요 대학	서울대, 고려대, 연세대, 서강대, 성균관대, 한양대, 중앙대, 경희대, 한국외대, 이화여대, 숙명여대, 세종대 등
수도권 (인천/경기)	인하대, 경기대, 수원대, 명지대, 단국대, 가톨릭대 등

활동 유형	예시 주제
교과 심화탐구	- 국제기구의 역할과 한계 분석 - 영토분쟁의 역사적 사례(독도, 카슈미르 등) 연구 - 세계화 시대의 문화 상대주의와 충돌
정치·사회 융합탐구	- UN 기후변화협약의 의의와 한계 - 개발도상국 원조정책의 공정성 분석
경제·수학 융합탐구	- 정치통계 데이터를 활용한 국제 분쟁 빈도 분석 - 경제제재의 효과성과 국제무역 흐름 시각화
진로 연계 활동	- 모의 UN(UN Model) 회의 참가 및 외교문서 작성 - 영어 연설문 작성 및 국제문제 토론 발표 - 자율동아리: '글로벌 이슈 포럼' 운영 및 국제신문 분석
창의활동 연계	- 평화협약 캠페인 기획 - '국제문제 브리핑 카드뉴스' 제작 - '국제분쟁과 외교해결' 인포그래픽 발표

합격 사례 A

항목	내용
대학	한국외국어대학교
전형명	면접형
내신	2.2대
포인트	- 『외교의 시대』 독서 후 '한국의 공공외교 전략' 발표 - 영어 세특: 'UN 연설문 분석을 통한 국제협력의 언어학적 특징' 탐구 - 자율활동: 모의UN 회의에서 인권결의안 발표 참여 - 사회 세특: '탈냉전 이후 국제질서 변화' 분석 보고서 제출

입학사정관 평가

"외국어 능력과 사회·정치적 감각이 균형 있게 드러나 있으며, 국제문제에 대한 사고 깊이가 탁월함."

합격 사례 B

항목	내용
대학	경희대학교
전형명	네오르네상스
내신	2.5대
포인트	- 『이슬람의 비극』 독서 후 '문화충돌과 문명대화' 발표 - 영어회화 시간: '난민 수용 정책 찬반 토론' 주도 - 동아리: 국제분쟁 관련 시사 분석 카드뉴스 제작 - 사회문화 세특: '글로벌 경제질서 속 불평등 구조' 탐구 보고서 작성

입학사정관 평가

"문화적 관용성과 현실 문제의식이 균형 잡혀 있음. 논리적 사고와 토론 참여가 우수."

불합격 사례 A

항목	내용
대학	성균관대학교
전형명	계열적합형
내신	2.4대
약점 요인	- 국제이슈 관심 표명은 있으나 탐구 부족 - 교과세특이 수행평가 요약 수준 - 활동 간 연계성과 결과물 부재

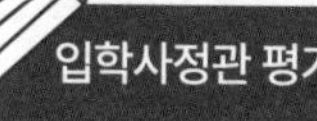

입학사정관 평가

"국제학과 진로 관심이 있으나 실질적 탐구·논리적 분석이 부족함."

불합격 사례 B

항목	내용
대학	중앙대학교
전형명	탐구형인재
내신	2.7대
약점 요인	- 외교 관련 도서 독서 없음 - 세특과 자율활동 간 연결성 부족 - 활동이 단순 관심 표현 수준

입학사정관 평가

"전공과 관련된 심화된 사고나 분석력이 드러나지 않음."

입학사정관이 말하는 합불 포인트 요약

항목	합격생의 특징	불합격생의 문제점
세특 구성	국제정치·외교·문화 이슈 중심 탐구	교과 내 주제 불명확, 진로 연결성 부족
탐구 주제	기후협약·난민문제·영토분쟁 등 구체적 이슈	추상적 주제, 근거·자료 부족
연계성	교과–동아리–자율–독서 간 논리적 흐름	활동 단절, 탐구 결과물 미흡
결과물	카드뉴스, 브리핑문, 토론보고서 등 산출물 확보	탐구 산출물 부재, 단순 수행평가 중심

세특 키워드 활용 전략

탐구 주제 예시

✓ 「기후변화 협약이 국제경제에 미치는 영향」

✓ 「영토분쟁과 국제법의 적용 사례 분석」

✓ 「UN 난민 정책의 실효성과 국제협력의 한계」

✓ 「동아시아 평화질서 형성의 역사적 흐름」

융합 탐구 예시

✓ 영어+사회: 「글로벌 평화선언문의 수사학적 구조 분석」

✓ 수학+정치: 「국제 여론조사 통계의 신뢰도 분석」

법학과

차가운 이성과 뜨거운 가슴의 법률가

법학과는 사회의 규칙을 다룹니다. 법전만 달달 외우는 것이 아니라, 사람 간의 갈등을 공정하게 해결하고 사회 정의를 실현하는 논리적 사고력을 배웁니다.

법학과 개요

계열	사회과학계열 / 법행정계열
학과 특징	법학과는 사회를 구성하는 기본 규범인 '법'을 탐구하는 학문으로, 인간의 권리와 의무, 사회정의 실현, 분쟁 해결을 위한 법적 사고를 배우는 학과이며, 법률전문가로서의 지식뿐 아니라 합리적 사고와 윤리적 판단력을 함께 기르는 것을 목표로 하는 학과
이런 학생에게 적합	- 정의감과 공공의식이 강한 학생 - 논리적 사고와 토론을 즐기는 학생 - 사회문제 해결과 공익 실현에 관심이 있는 학생
인재상 키워드	합리적 사고 / 공정성 / 논증력 / 공익 의식 / 비판적 분석력
필요 역량	논리적 사고력 + 사회적 통찰력 + 비판적 글쓰기 + 윤리적 판단력

교과 연계 전략

과목별 연계 키워드

과목	핵심 키워드
국어	논증, 토론, 비평, 사회문제 글쓰기
영어	국제법, 인권, 세계정치, 비교법
수학	확률과 통계, 통계자료 분석, 합리적 판단
사회	정치와 법, 사회문화, 윤리, 인권, 법과 제도
한문/철학	유교윤리, 정의, 공리주의, 인문학적 해석
기타	심리학, 사회문제탐구, 철학, 행정학 기초

졸업 후 진로

분야	직업 예시
법조	변호사, 판사, 검사, 법무사
행정	공무원(행정직, 출입국관리직, 경찰간부)
언론·정책	기자, 정치분석가, 입법보좌관
기업·금융	법무팀, 준법감시인, 세무사
학문·연구	법학연구원, 법철학자, 국제기구 법률전문가

학과 개설 주요 대학

인서울 주요 대학	서울대학교 · 고려대학교 · 연세대학교 · 서강대학교 · 성균관대학교 · 한양대학교 · 이화여자대학교 · 중앙대학교 · 경희대학교 · 한국외국어대학교 · 서울시립대학교 · 건국대학교 · 동국대학교 · 숙명여자대학교 · 홍익대학교 · 숭실대학교 · 덕성여자대학교 · 상명대학교
수도권 주요 대학	가천대학교 · 인하대학교 · 단국대학교 · 경기대학교 · 가톨릭대학교
지방 주요 대학	부산대학교 · 전남대학교 · 경북대학교 · 충남대학교 · 전북대학교 등

세특 키워드 활용 전략

탐구 주제 예시

✓ 「청소년 강력범죄 처벌 강화 논쟁의 헌법적 한계」

✓ 「표현의 자유와 혐오표현 규제의 경계」

✓ 「가짜뉴스와 언론의 자유: 공익과 사익의 균형」

✓ 「AI 딥페이크 범죄에 대한 법적 대응 방안」

✓ 「국제법에서 본 독도 영유권 분쟁」

융합 탐구 예시

✓ 법+사회: 「사회계약론과 현대 헌법의 연결」

✓ 법+윤리: 「안락사의 윤리성과 법적 쟁점」

✓ 법+경제: 「징벌적 손해배상 제도의 필요성」

✓ 법+과학: 「생명공학 기술과 생명윤리법의 역할」

활동 유형	예시 주제
교과 심화탐구	- 「청소년 범죄의 형법적 개선 방향」 - 「사형제 폐지의 헌법적 근거」 - 「표현의 자유와 명예훼손의 충돌」
융합형 탐구	- 「과학기술 발전과 법의 한계」 - 「국제법을 통한 환경문제 해결」
문화탐구형	- 「드라마 속 법정 장면의 현실적 타당성 분석」 - 「고전 속 정의 개념의 현대적 해석」
진로 연계 활동	- 모의재판·법률토론회 운영 - 학교 내 '법과 사회' 연구 동아리 주도 - 지역사회 법률 봉사 캠페인 참여
창의활동 연계	- '가짜뉴스 법안 제정안' 작성 - 법학 토론캠프 참가 - 윤리·법 관련 카드뉴스 제작

합격 사례 A

항목	내용
대학	고려대학교
전형명	학업우수형
내신	1.9대
포인트	- 『정의란 무엇인가』 독서 후 '공정사회와 법의 역할' 보고서 작성 - 사회문화 세특: 헌법의 기본권 조항 분석 발표 - 자율활동: '모의 헌법재판 프로젝트' 진행

입학사정관 평가

"사회문제를 법적 관점에서 구조적으로 분석할 수 있는 논리적 사고력과 비판적 인식이 뛰어남."

합격 사례 B

항목	내용
대학	성균관대학교
전형명	계열적합형
내신	2.2대
포인트	- 『군주론』 독서 후 '권력과 정의의 관계' 발표 - 세특: 헌법·형법 기초이론 탐구 - 진로활동: 모의재판 시연 및 논리적 질의서 작성

입학사정관 평가

"탐구 주제의 심화도가 높으며, 논리적 표현력과 구조화된 사고가 뛰어남."

불합격 사례 A

항목	내용
대학	경희대학교
전형명	네오르네상스
내신	3.0대
약점 요인	- 활동의 일관성 부족 - 사회문제 분석은 있었으나 법적 근거 미흡 - 논리적 서술력 부족

입학사정관 평가

"활동의 양은 많으나 법학적 사고력과 주제 집중도가 떨어짐."

 **입학사정관이 말하는 합불 포인트 요약**

항목	합격생의 특징	불합격생의 문제점
세특 구성	법적 사고·사회 분석 중심 탐구	감상형, 주제 산만
탐구 주제	사회문제에 대한 법적 해석·논증	주제는 좋으나 근거 부족
연계성	교과–자율–독서 간 일관성 유지	활동 단절, 논리 흐름 약함
결과물	모의재판·법안작성 등 구체 산출물	보고서·증빙자료 부재
태도·역량	논리적 사고 + 공익의식	활동 많지만 방향성 불명확

추천 도서

- 『정의란 무엇인가』 (마이클 샌델, 와이즈베리)
- 『사회계약론』 (장 자크 루소, 펭귄클래식코리아)
- 『군주론』 (니콜로 마키아벨리, 더클래식)
- 『공리주의』 (존 스튜어트 밀, 책세상)
- 『논어』 (공자, 현대지성)
- 『목민심서』 (정약용, 풀빛)
- 『미국의 민주주의』 (알렉시스 드 토크빌, 계명대출판부)
- 『공정사회란 무엇인가』 (피터 코닝, 에코리브르)
- 『초협력자』 (마틴 노왁 외, 사이언스북스)

보건 행정학과

건강한 사회를 디자인하는 의료 경영인

병원에 의사와 간호사만 있는 게 아닙니다. 보건행정학과는 국가의 보건 정책을 세우고 의료 기관을 효율적으로 운영하는 시스템 전문가를 키웁니다.

보건행정학과 개요

계열	보건·행정계열
학과 특징	보건행정학과는 국민의 건강을 지키고 증진하기 위한 보건정책, 의료관리, 병원행정 및 보험제도 등을 학문적으로 탐구하는 학과이며, 의료·행정·통계 분야의 지식을 융합하여 효율적인 보건서비스를 기획하고 관리하는 전문가를 양성
이런 학생에게 적합	- 사람들과 소통하며 협력하는 것을 즐기는 학생 - 사회문제 해결과 공공의 건강증진에 관심이 많은 학생 - 꼼꼼함과 책임감이 강하고, 데이터 분석과 행정 실무에 흥미가 있는 학생
인재상 키워드	공공성 / 윤리의식 / 분석력 / 협업능력 / 실무형 사고력
필요 역량	행정분석력 + 보건지식 + 통계해석능력 + 대인소통능력

교과 연계 전략

과목별 연계 키워드

과목	핵심 키워드
국어	보고서 작성, 논리적 글쓰기, 의사소통
영어	보건용어, 국제보건, 글로벌 소통
수학	확률과 통계, 자료 분석, 수리적 판단
사회	사회문화, 정치와 법, 복지, 인구통계
과학	생명과학I, 환경, 질병과학, 생활과학
기타	보건, 의료제도, 공공정책, 데이터 기반 행정

졸업 후 진로

분야	직업 예시
공공기관	보건행정직 공무원, 보건정책 기획관, 공공보건연구원
병원 및 의료기관	병원행정사무원, 의무기록사, 보험심사청구사, 의료코디네이터
연구·산업	제약회사 연구기획, 건강증진캠페인 기획자, 보건데이터 분석가
언론·기타	보건전문기자, NGO 보건프로젝트 매니저

학과 개설 주요 대학

인서울 주요 대학	고려대학교(보건행정학 트랙, 보건정책관리학부) · 서울시립대학교(보건행정학 전공) · 경희대학교(의료경영학과) · 중앙대학교(보건행정학과) · 한양대학교(의료행정융합전공) · 성균관대학교(글로벌바이오메디컬공학 내 보건관리연계과정)
수도권 주요 대학	가톨릭대학교 · 인하대학교 · 순천향대학교 · 가천대학교 · 삼육대학교
지방 주요 대학	연세대학교(원주) · 충남대학교 · 전북대학교 · 경북대학교 · 광주대학교 등

세특 키워드 활용 전략

탐구 주제 예시

✓「고령화 사회에서의 의료자원 분배정책 연구」

✓「건강보험 제도의 지속가능성에 대한 탐구」

✓「코로나19 이후 원격진료의 법적·윤리적 과제」

✓「공공의료기관의 효율성 분석: 통계적 접근」

✓「의료 민영화의 장단점과 사회적 파급효과」

융합 탐구 예시

✓ 보건+경제:「의료비 상승이 가계소득에 미치는 영향」

✓ 보건+사회:「도시와 농촌 간 의료서비스 접근성 비교」

✓ 보건+데이터:「보건의료 통계자료를 활용한 질병 예측 모델」

활동 유형	예시 주제
교과 심화탐구	- 「국민건강보험제도의 효율성과 재정안정성」 - 「감염병 관리정책의 국제 비교 연구」 - 「비만과 만성질환 예방을 위한 지역사회 프로그램」
융합형 탐구	- 「의료자원 분배의 공정성과 경제적 효율성」 - 「AI 기반 병원 행정자동화의 가능성」
문화탐구형	- 「국가별 건강보험제도의 문화적 배경」 - 「한국 의료문화의 변화와 사회적 의미」
진로 연계 활동	- 자율동아리: '보건정책연구회' 운영 - 학교 보건프로젝트 기획 및 통계분석 - 모의 보건행정 시뮬레이션 발표
창의활동 연계	- '국민건강의 날' 캠페인 기획 - 건강증진 포스터 전시회 - 지역사회 건강조사 참여 보고서 작성

합격 사례 A

항목	내용
대학	고려대학교 (보건정책관리학부)
전형명	학업우수형
내신	1.9대
포인트	- 『수백만 명을 살린 국제보건의 성공사례』 독서 후 '국가 간 보건정책 비교 연구' 발표 - 사회문화 세특: '의료자원의 효율적 분배' 주제 보고서 작성 - 자율활동: 보건정책 포럼 참여, 보건행정 사례 분석 발표

입학사정관 평가

"보건과 행정을 연결하는 통합적 사고력과 통계적 분석 능력을 고루 갖춤."

합격 사례 B

항목	내용
대학	중앙대학교 (보건행정학과)
전형명	탐구형인재
내신	2.3대
포인트	- 『닥터스 씽킹』을 통해 의료 결정의 윤리성과 행정 책임 탐구 - 생명과학 세특: '공공보건과 생명윤리의 교차점' 실험보고서 작성 - 자율활동: '병원행정 개선 방안' 세미나 운영

입학사정관 평가

"인문·자연 융합형 사고를 통해 의료정책을 분석하고 제도적 시각을 형성함."

불합격 사례 A

항목	내용
대학	경희대학교 (의료경영학과)
전형명	네오르네상스
내신	2.8대
약점 요인	- 단순 의료 현상 관찰 중심 - 행정·정책적 분석 부족 - 산출물(보고서, 통계 분석자료) 부재

입학사정관 평가

"의료 분야에 대한 관심은 높으나 학문적 탐구력과 사회적 구조 이해 부족."

불합격 사례 B

항목	내용
대학	연세대학교(원주)
전형명	미래인재
내신	3.0대
약점 요인	- 보건 관련 활동은 있으나 행정학적 접근 부족 - 탐구 주제 간 일관성 결여 - 전공 키워드(정책, 보험, 통계 등) 미흡

입학사정관 평가

"보건의학적 관심은 명확하나 행정적 분석과 실천적 응용이 부족."

입학사정관이 말하는 합불 포인트 요약

항목	합격생의 특징	불합격생의 문제점
세특 구성	보건+행정+통계 융합형 탐구 중심	활동은 많으나 행정·정책 연결 미흡
탐구 주제	공공보건정책, 보험제도, 질병관리	의료현상 감상 중심, 분석 부재
연계성	교과–자율–독서 일관된 흐름	산발적 활동, 주제 불일치
결과물	정책보고서·통계분석자료·캠페인 기획안	결과물 부재, 체계성 부족
태도·역량	공공성·분석력·협동심	흥미 위주, 학문적 깊이 부족

추천 도서

- 『영원한 젊음』 (리카르도 콜레르, 삼인)
- 『내 몸 사용설명서』 (마이클 로이젠, 김영사)
- 『닥터스 씽킹』 (제롬 그루프먼, 해냄출판사)
- 『몸의 역사 몸의 문화』 (강신익, 휴머니스트)
- 『수백만 명을 살린 국제보건의 성공사례』 (룻 레빈, 조명문화사)
- 『의학 오디세이』 (신동원 외, 역사비평사)
- 『아파야 산다』 (샤론 모알렘, 김영사)
- 『치유의 예술을 찾아서』 (버나드 라운, 몸과마음)
- 『내 몸 안의 과학』 (예병일, 효형출판)
- 『삶의 질 향상을 위한 운동과 건강』 (안의수 외, 현문사)

정치외교학과

세상을 움직이는 결정, 리더십을 배우다

정치외교학과는 권력의 이동과 국가 간의 관계를 연구합니다. 사회 문제를 해결하기 위해 어떤 정책이 필요한지, 국가의 이익을 위해 어떻게 협상해야 하는지를 배웁니다.

정치외교학과 개요

계열	사회과학계열 / 법·행정계열
학과 특징	정치외교학과는 정치 현상을 과학적으로 탐구하고, 국제사회의 변화 속에서 국가 간 관계를 이해·분석하는 학문으로, 정치학과 외교학의 이론과 실제를 아우르며, 국가 운영과 세계 질서를 균형 있게 바라보는 시야를 기르는 학과
이런 학생에게 적합	- 사회문제와 국제이슈에 관심이 많고 토론을 즐기는 학생 - 논리적 사고와 분석력을 바탕으로 공익을 추구하는 학생 - 리더십, 협상력, 설득력을 두루 갖춘 학생
인재상 키워드	리더십 / 국제감각 / 비판적 사고 / 분석력 / 협상능력
필요 역량	사회통찰력 + 논리적 사고 + 의사소통력 + 윤리적 판단력

교과 연계 전략

과목별 연계 키워드

과목	핵심 키워드
국어	논설문, 비판적 글쓰기, 논리적 표현, 담화 분석
영어	국제이슈, 외교담론, 영어토론, 영어권 문화
수학	통계자료 분석, 여론조사, 데이터기반 의사결정
사회	정치와 법, 사회문화, 경제, 세계사, 지리, 국제관계
제2외국어	외교·무역·국제기구 진출을 위한 언어능력
기타	철학, 윤리, 사회문제탐구, 비교문화, 국제정치

졸업 후 진로

분야	직업 예시
외교	외교관, 국제기구 직원(UN, WHO, UNESCO 등)
정치	국회의원, 정책보좌관, 선거기획자, 정당전문행정인
행정	중앙정부 및 지자체 공무원, 외교·통상행정직
언론	기자, 정치평론가, 국제뉴스 분석가
학문·연구	정치학자, 국제정치연구원, 싱크탱크 연구원

학과 개설 주요 대학

인서울 주요 대학	서울대학교 · 고려대학교 · 연세대학교 · 서강대학교 · 성균관대학교 · 한양대학교 · 이화여자대학교 · 경희대학교 · 중앙대학교 · 한국외국어대학교 · 동국대학교 · 건국대학교 · 숙명여자대학교 · 서울시립대학교 · 홍익대학교 · 숭실대학교 · 덕성여자대학교
수도권 주요 대학	인하대학교 · 인천대학교 · 단국대학교 · 아주대학교 · 한신대학교
지방 주요 대학	부산대학교 · 경북대학교 · 전남대학교 · 충남대학교 · 전북대학교 등

세특 키워드 활용 전략

탐구 주제 예시

- ✓ 「한·미 동맹 변화와 한국 외교정책의 방향」
- ✓ 「포퓰리즘 정치의 확산이 민주주의에 미치는 영향」
- ✓ 「유엔의 평화유지활동(PKO)의 역할과 한계」
- ✓ 「브렉시트 이후 유럽연합의 정치·경제적 과제」
- ✓ 「북한 핵문제 해결을 위한 외교 전략 비교」

융합 탐구 예시

- ✓ 정치+경제: 「무역전쟁의 정치적 배경과 외교적 파급효과」
- ✓ 정치+사회: 「이념 갈등이 사회통합에 미치는 영향」
- ✓ 정치+데이터: 「여론조사 통계로 본 정치 참여율 변화」

활동 유형	예시 주제
교과 심화탐구	- 「정치 참여의 확대와 선거제도의 개혁 필요성」 - 「브렉시트 이후 유럽 정치의 방향」 - 「세계화 속에서의 국가주권 약화 현상」
융합형 탐구	- 「경제제재의 외교적 효과」 - 「AI 여론분석이 정치 캠페인에 미치는 영향」
문화탐구형	- 「국가별 정치문화 비교: 미국과 일본」 - 「한국 정치사에서 청년세대의 정치의식 변화」
진로 연계 활동	- 자율동아리: '국제정세 분석 연구회' 운영 - 모의 유엔(UN) 외교 시뮬레이션 참가 - 토론회: '민주주의의 미래' 개최
창의활동 연계	- 국제이슈 카드뉴스 제작 - 외교정책 브리핑 대회 참여 - 학교 모의선거 기획 및 진행

합격 사례 A

항목	내용
대학	고려대학교
전형명	학업우수형
내신	1.8대
포인트	- 『민주주의』 독서 후 '참정권 확대와 시민참여' 보고서 작성 - 사회문화 세특: '이념 갈등과 사회통합의 관계' 발표 - 자율활동: 정치포럼 '청소년 모의국회' 주도

입학사정관 평가

"정치현상을 단순히 비판하지 않고, 사회적 해결 방향을 제시하는 사고가 뛰어남."

합격 사례 B

항목	내용
대학	서강대학교
전형명	일반전형
내신	2.1대
포인트	- 『세계화의 덫』 독서 후 '국가경쟁력과 복지의 균형' 보고서 발표 - 국제정치 세특: '글로벌 거버넌스의 역할' 탐구 - 자율활동: '외교정책 모의시뮬레이션' 운영

입학사정관 평가

"국제문제를 정치·경제적으로 통합 분석하며, 학문 간 융합사고가 뛰어남."

불합격 사례 A

항목	내용
대학	성균관대학교
전형명	계열적합형
내신	2.7대
약점 요인	- 사회 이슈에 대한 개인적 의견 중심 - 교과 세특 간 주제 일관성 부족 - 자료 분석과 논리 구조 미흡

입학사정관 평가

"관심은 분명하나 탐구 과정의 구조화와 분석력이 부족함."

불합격 사례 B

항목	내용
대학	경희대학교
전형명	네오르네상스
내신	2.0대
약점 요인	- 활동의 폭은 넓으나 국제정치적 분석 미흡 - 단순 토론 중심 활동 - 결과물 부재 및 근거 불충분

입학사정관 평가

"활동은 많지만 탐구의 심화 부족, 주제의 학문적 체계성이 미약함."

입학사정관이 말하는 합불 포인트 요약

항목	합격생의 특징	불합격생의 문제점
세특 구성	정치·경제·사회 연계 탐구 중심	감상형·주제 산만
탐구 주제	국제이슈·정치현상 분석형	개인 의견 위주
연계성	교과–자율–독서 일관된 구조	단절적 활동, 흐름 부재
결과물	토론기록·보고서·정책제안서 존재	기록만 존재, 분석 부재
태도·역량	비판적 사고 + 공공의식	흥미 위주, 근거 부족

추천 도서

- 『정치학』 (아리스토텔레스, 숲)
- 『민주주의』 (로버트 달, 동명사)
- 『선거는 민주적인가』 (버나드 마넹, 후마니타스)
- 『세계화의 덫』 (한스 피터 마르틴, 영림카디널)
- 『법과 정치』 (김흥우, 인간사랑)
- 『국부론』 (애덤 스미스, 비봉출판사)
- 『지식인을 위한 변명』 (장 폴 사르트르, 이학사)
- 『삼국지』 (나관중, 창비)
- 『역사』 (헤로도토스, 숲)
- 『로마의 성공, 로마제국의 실패』 (몽테스키외, 사이)

행정학과

나랏일의 살림꾼, 공공의 가치를 실현하다

행정학과는 국가 살림을 어떻게 꾸릴지, 국민에게 필요한 서비스를 어떻게 효율적으로 제공할지 고민하는 공공 경영학입니다.

정치외교학과 개요

계열	사회과학계열 / 법·행정계열
학과 특징	행정학과는 공공조직의 운영과 정책결정을 연구하며, 사회문제 해결과 국민 삶의 질 향상을 위한 공공서비스의 효율적 관리 방안을 탐구하는 학문으로, 정부와 사회의 조정자 역할을 수행하는 공무원, 정책전문가, 공공경영인을 양성하는 데 중점을 두는 학과
이런 학생에게 적합	- 사회문제에 관심이 많고 공공의 이익을 추구하는 학생 - 분석적 사고와 윤리적 판단이 뛰어난 학생 - 행정, 조, 정책결정 등 체계적 문제해결에 흥미가 있는 학생
인재상 키워드	공공성 / 문제해결력 / 책임감 / 조직관리 / 윤리의식
필요 역량	행정이해력 + 정책분석력 + 데이터활용능력 + 커뮤니케이션 능력

교과 연계 전략

과목별 연계 키워드

과목	핵심 키워드
국어	논설문, 보고서, 정책홍보문, 비판적 사고
영어	국제행정, 글로벌 거버넌스, 공공커뮤니케이션
수학	확률과 통계, 자료 분석, 정책평가 모델링
사회	정치와 법, 사회문화, 경제, 생활과 윤리
과학	환경문제, 기술정책, 사회과학적 분석방법
기타	행정학개론, 정책학, 지방행정, 공공데이터 분석

졸업 후 진로

분야	직업 예시
공공	행정직 공무원, 외무행정직, 감사원·국회 정책분석관
연구·정책	국가정책연구원, 행정연구원, 싱크탱크 연구직
기업	인사·조직·기획 관리자, CSR 담당자, 경영컨설턴트
전문직	관세사, 세무사, 공공정책 컨설턴트, NGO 활동가

학과 개설 주요 대학

인서울 주요 대학	서울대학교 · 고려대학교 · 연세대학교 · 성균관대학교 · 한양대학교 · 경희대학교 · 중앙대학교 · 이화여자대학교 · 서강대학교 · 서울시립대학교 · 건국대학교 · 동국대학교 · 숙명여자대학교 · 홍익대학교 · 국민대학교 · 숭실대학교 · 세종대학교
수도권 주요 대학	인하대학교 · 단국대학교 · 아주대학교 · 가톨릭대학교 · 경기대학교 · 인천대학교
지방 주요 대학	부산대학교 · 충남대학교 · 경북대학교 · 전남대학교 · 강원대학교 등

세특 키워드 활용 전략

탐구 주제 예시

✓ 「기본소득제의 도입 가능성과 사회적 영향」

✓ 「지방자치단체의 재정자립도 향상 방안」

✓ 「청년실업 정책의 효율성 비교 연구」

✓ 「공공데이터 개방과 행정 투명성 제고」

✓ 「저출산 대응을 위한 가족정책 비교분석」

융합 탐구 예시

✓ 행정+경제: 「복지정책이 소비행태에 미치는 영향」

✓ 행정+환경: 「미세플라스틱 규제정책의 효율성」

✓ 행정+정보: 「무인항공기 규제정책의 합리성 평가」

활동 유형	예시 주제
교과 심화탐구	- 「기본소득제 시행 시 경제·복지 파급효과 분석」 - 「지방정부의 재정운용과 시민참여예산제」 - 「재난관리 행정체계의 효율성 연구」
융합형 탐구	- 「인공지능 기술 도입이 공공서비스에 미치는 영향」 - 「친환경 행정정책과 지역 균형발전」
문화탐구형	- 「한국과 일본의 공공행정 제도 비교」 - 「관료제 문화가 조직 효율성에 미치는 영향」
진로 연계 활동	- 자율동아리: '정책기획연구회' 운영 - 모의 정책 발표회, 지역사회 행정 사례 조사 - 공공기관 인턴십 및 시청 견학 활동
창의활동 연계	- '우리 지역 문제 해결 공모전' 참여 - '행정의 날' 포스터 기획 및 정책홍보 영상 제작 - '시민참여 행정제안서' 작성 프로젝트

합격 사례 A

항목	내용
대학	고려대학교
전형명	학업우수형
내신	1.9대
포인트	- 『행정도 과학이다』를 기반으로 공공데이터 활용 탐구 보고서 작성 - 사회문화 세특: '행정의 효율성과 민주성의 조화' 주제 발표 - 자율활동: 청년고용정책 비교분석 세미나 운영

입학사정관 평가

"정책문제를 실증적으로 분석하고, 사회적 맥락에서 해석하는 사고력이 뛰어남."

합격 사례 B

항목	내용
대학	중앙대학교
전형명	탐구형인재
내신	2.2대
포인트	- 『국가는 내 돈을 어떻게 쓰는가』 독서 후 '재정정책의 투명성' 보고서 작성 - 자율활동: '청년복지정책 토론회' 기획 및 사회 진행 - 사회 세특: '정책 결정과정의 합리성' 발표

입학사정관 평가

"재정과 정책을 연계한 분석이 구체적이며, 공공성에 대한 이해가 뚜렷함."

불합격 사례 A

항목	내용
대학	성균관대학교
전형명	계열적합형
내신	1.8대
약점 요인	- 행정·정책 관련 탐구가 아닌 봉사·활동 위주 기록 - 세특 내 핵심 개념(정책, 조직, 행정 등) 부족 - 결과물 부재

입학사정관 평가

"활동의 양은 많으나 전공 중심의 탐구심과 분석력이 부족."

항목	내용
대학	경희대학교
전형명	네오르네상스
내신	2.0대
약점 요인	- 주제 일관성 부족 - 자율활동 중심으로 교과연계 약함 - 결과물(보고서·정책 제안서) 미흡

입학사정관 평가

"공공행정에 대한 관심은 있으나, 학문적 접근과 분석이 부족함."

입학사정관이 말하는 합불 포인트 요약

항목	합격생의 특징	불합격생의 문제점
세특 구성	정책·행정·공공서비스 중심 탐구	봉사 중심, 분석력 부족
탐구 주제	사회문제 해결형 정책 탐구	감상 위주, 주제 단절
연계성	교과–자율–독서 간 일관된 흐름	활동 산발적, 주제 불명확
결과물	보고서·정책제안서·토론자료 존재	산출물 부재, 수행 중심
태도·역량	공공의식 + 분석력 + 책임감	흥미 위주, 체계적 접근 부족

추천 도서

- 『행정학』 (백완기, 박영사)
- 『국가는 내 돈을 어떻게 쓰는가』 (김태일, 웅진 지식하우스)
- 『저출산 시대의 가족정책』 (김민정 외, 한울아카데미)
- 『재난을 뛰어넘다』 (박정혁, 바른북스)
- 『정의론』 (존 롤스, 이학사)

- 『행정도 과학이다』 (방진섭 외, 지식공감)
- 『전환 시대의 행정가』 (이종범, 나남)
- 『죽은 경제학자의 살아있는 아이디어』 (토드 부크홀츠, 김영사)
- 『결정의 엣센스』 (그레이엄 앨리슨 외, 모던아카이브)
- 『허위 자백과 오판』 (리처드 레오, 후마니타스)

MEMO

합격 학생부 HELPER

초판 발행　2025년 12월 23일

지 은 이　김기복, 류승찬, 심규진, 이정혜
감　　수　김기복
펴 낸 곳　주식회사 와투비에듀
출판등록　2021년 9월 9일, 제 2021-000009호
이 메 일　onlyedu@onlyedu.co.kr
문　　의　055-331-0779
I S B N　979-11-91607-49-9

책값은 표지 뒤쪽에 있습니다. 파본은 구입하신 서점에서 교환해드립니다.
ⓒ 김기복, 류승찬, 심규진, 이정혜

이 책은 저작권법에 따라 보호받는 저작물이므로 무단복제를 금지하며
이 책 내용을 이용하려면 저작권자와 와투비에듀의 서면동의를 받아야합니다.